海上絲綢之路基本文獻叢書

# 西番譯語

〔清〕佚名 編

文物出版社

圖書在版編目（CIP）數據

西番譯語 / （清）佚名編. -- 北京 : 文物出版社，2022.6
（海上絲綢之路基本文獻叢書）
ISBN 978-7-5010-7523-2

Ⅰ. ①西… Ⅱ. ①佚… Ⅲ. ①藏緬語族－對照詞典②對照詞典－藏緬語族、漢語 Ⅳ. ①H420.6

中國版本圖書館CIP數據核字（2022）第064249號

海上絲綢之路基本文獻叢書

西番譯語

著　　者：〔清〕佚名
策　　划：盛世博閱（北京）文化有限責任公司

封面設計：鞏榮彪
責任編輯：劉永海
責任印製：張　麗

出版發行：文物出版社
社　　址：北京市東城區東直門内北小街2號樓
郵　　編：100007
網　　址：http://www.wenwu.com
郵　　箱：web@wenwu.com
經　　銷：新華書店
印　　刷：北京旺都印務有限公司
開　　本：787mm×1092mm　1/16
印　　張：13.75
版　　次：2022年6月第1版
印　　次：2022年6月第1次印刷
書　　號：ISBN 978-7-5010-7523-2
定　　價：92.00圓

# 總緒

海上絲綢之路，一般意義上是指從秦漢至鴉片戰爭前中國與世界進行政治、經濟、文化交流的海上通道，主要分爲經由黄海、東海的海路最終抵達日本列島及朝鮮半島的東海航綫和以徐聞、合浦、廣州、泉州爲起點通往東南亞及印度洋地區的南海航綫。

在中國古代文獻中，最早、最詳細記載『海上絲綢之路』航綫的是東漢班固的《漢書·地理志》，詳細記載了西漢黄門譯長率領應募者入海『齎黄金雜繒而往』之事，書中所出現的地理記載與東南亞地區相關，并與實際的地理狀况基本相符。

東漢後，中國進入魏晋南北朝長達三百多年的分裂割據時期，絲路上的交往也走向低谷。這一時期的絲路交往，以法顯的西行最爲著名。法顯作爲從陸路西行到印度，再由海路回國的第一人，根據親身經歷所寫的《佛國記》（又稱《法顯傳》）一書，詳細介紹了古代中亞和印度、巴基斯坦、斯里蘭卡等地的歷史及風土人情，是瞭解和研究海陸絲綢之路的珍貴歷史資料。

隨着隋唐的統一，中國經濟重心的南移，中國與西方交通以海路爲主，海上絲綢之路進入大發展時期。廣州成爲唐朝最大的海外貿易中心，朝廷設立市舶司，專門管理海外貿易。唐代著名的地理學家賈耽（七三〇～八〇五年）的《皇華四達記》記載了從廣州通往阿拉伯地區的海上交通『廣州通夷道』，詳述了從廣州港出發，經越南、馬來半島、蘇門答臘半島至印度、錫蘭，直至波斯灣沿岸各國的航綫及沿途地區的方位、名稱、島礁、山川、民俗等。譯經大師義净西行求法，將沿途見聞寫成著作《大唐西域求法高僧傳》，詳細記載了海上絲綢之路的發展變化，是我們瞭解絲綢之路不可多得的第一手資料。

宋代的造船技術和航海技術顯著提高，指南針廣泛應用於航海，中國商船的遠航能力大大提升。北宋徐兢的《宣和奉使高麗圖經》詳細記述了船舶製造、海洋地理和往來航綫，是研究宋代海外交通史、中朝友好關係史、中朝經濟文化交流史的重要文獻。南宋趙汝適《諸蕃志》記載，南海有五十三個國家和地區與南宋通商貿易，形成了通往日本、高麗、東南亞、印度、波斯、阿拉伯等地的『海上絲綢之路』。宋代爲了加强商貿往來，於北宋神宗元豐三年（一〇八〇年）頒佈了中國歷史上第一部海洋貿易管理條例《廣州市舶條法》，并稱爲宋代貿易管理的制度範本。

元朝在經濟上採用重商主義政策，鼓勵海外貿易，中國與歐洲的聯繫與交往非常頻繁，其中馬可•波羅、伊本•白圖泰等歐洲旅行家來到中國，留下了大量的旅行記，記録元代海上絲綢之路的盛况。元代的汪大淵兩次出海，撰寫出《島夷志略》一書，記録了二百多個國名和地名，其中不少首次見於中國著録，涉及的地理範圍東至菲律賓群島，西至非洲。這些都反映了元朝時中西經濟文化交流的豐富内容。

明、清政府先後多次實施海禁政策，海上絲綢之路的貿易逐漸衰落。但是從明永樂三年至明宣德八年的二十八年裏，鄭和率船隊七下西洋，先後到達的國家多達三十多個，在進行經貿交流的同時，也極大地促進了中外文化的交流，這些都詳見於《西洋蕃國志》《星槎勝覽》《瀛涯勝覽》等典籍中。

關於海上絲綢之路的文獻記述，除上述官員、學者、求法或傳教高僧以及旅行者的著作外，自《漢書》之後，歷代正史大都列有《地理志》《四夷傳》《西域傳》《外國傳》《蠻夷傳》《屬國傳》等篇章，加上唐宋以來衆多的典制類文獻、地方史志文獻，集中反映了歷代王朝對於周邊部族、政權以及西方世界的認識，都是關於海上絲綢之路的原始史料性文獻。

海上絲綢之路概念的形成，經歷了一個演變的過程。十九世紀七十年代德國地理學家費迪南・馮・李希霍芬（Ferdinad Von Richthofen，一八三三～一九〇五），在其《中國：親身旅行和研究成果》第三卷中首次把輸出中國絲綢的東西陸路稱爲『絲綢之路』。有『歐洲漢學泰斗』之稱的法國漢學家沙畹（Édouard Chavannes，一八六五～一九一八），在其一九〇三年著作的《西突厥史料》中提出『絲路有海陸兩道』，蘊涵了海上絲綢之路最初提法。迄今發現最早正式提出『海上絲綢之路』一詞的是日本考古學家三杉隆敏，他在一九六七年出版《中國瓷器之旅：探索海上的絲綢之路》中首次使用『海上絲綢之路』一詞；一九七九年三杉隆敏又出版了《海上絲綢之路》一書，其立意和出發點局限在東西方之間的陶瓷貿易與交流史。

二十世紀八十年代以來，在海外交通史研究中，『海上絲綢之路』一詞逐漸成爲中外學術界廣泛接受的概念。根據姚楠等人研究，饒宗頤先生是華人中最早提出『海上絲綢之路』的人，他的《海道之絲路與昆侖舶》正式提出『海上絲路』的稱謂。選堂先生評價海上絲綢之路是外交、貿易和文化交流作用的通道。此後，大陸學者馮蔚然在一九七八年編寫的《航運史話》中，使用『海上絲綢之路』一詞，這是迄今學界查到的中國大陸最早使用『海上絲綢之路』的人，更多地限於航海活動領域的考察。一九八〇年北京大學陳炎教授提出『海上絲綢之路』研究，并於一九八一年發表《略論海上絲綢之路》一文。他對海上絲綢之路的理解超越以往，且帶有濃厚的愛國主義思想。陳炎教授之後，從事研究海上絲綢之路的學者越來越多，尤其沿海港口城市向聯合國申請海上絲綢之路非物質文化遺産活動，將海上絲綢之路研究推向新高潮。另外，國家把建設『絲綢之路經濟帶』和『二十一世紀海上絲綢之路』作爲對外發展方針，將這一學術課題提升爲國家願景的高度，使海上絲綢之路形成超越學術進入政經層面的熱潮。

與海上絲綢之路學的萬千氣象相對應，海上絲綢之路文獻的整理工作仍顯滯後，遠遠跟不上突飛猛進的研究進展。二〇一八年厦門大學、中山大學等單位聯合發起『海上絲綢之路文獻集成』專案，尚在醖釀當中。我們不揣淺陋，深入調查，廣泛搜集，將有關海上絲綢之路的原始史料文獻和研究文獻，分爲風俗物産、雜史筆記、海防海事、典章檔案等六個類别，彙編成《海上絲綢之路歷史文化叢書》，於二〇二〇年影印出版。此輯面市以來，深受各大圖書館及相關研究者好評。爲讓更多的讀者親近古籍文獻，我們遴選出前編中的菁華，彙編成《海上絲綢之路基本文獻叢書》，以單行本影印出版，以饗讀者，以期爲讀者展現出一幅幅中外經濟文化交流的精美畫卷，爲海上絲綢之路的研究提供歷史借鑒，爲『二十一世紀海上絲綢之路』倡議構想的實踐做好歷史的詮釋和注脚，從而達到『以史爲鑒』『古爲今用』的目的。

# 凡例

一、本編注重史料的珍稀性，從《海上絲綢之路歷史文化叢書》中遴選出菁華，擬出版百册單行本。

二、本編所選之文獻，其編纂的年代下限至一九四九年。

三、本編排序無嚴格定式，所選之文獻篇幅以二百餘頁爲宜，以便讀者閱讀使用。

四、本編所選文獻，每種前皆注明版本、著者。

五、本編文獻皆爲影印，原始文本掃描之後經過修復處理，仍存原式，少數文獻由於原始底本欠佳，略有模糊之處，不影響閱讀使用。

六、本編原始底本非一時一地之出版物，原書裝幀、開本多有不同，本書彙編之後，統一爲十六開右翻本。

# 目録

# 西番譯語

# 西番譯語

一卷

〔清〕佚名 編

清初刻本

# 西番譯語

## 天文門

གནམ
天
難

ཉི་མ
日
尼麻

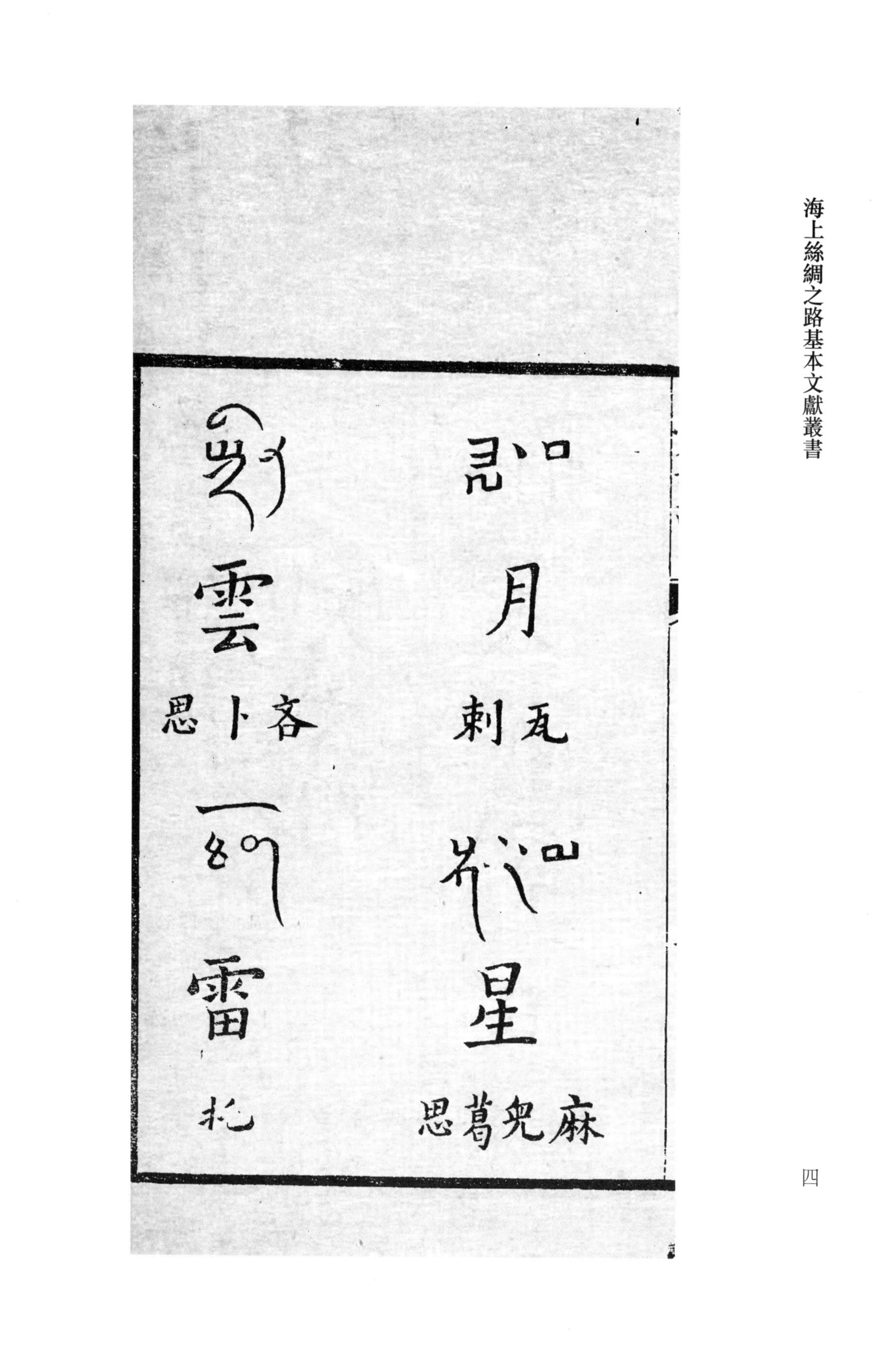

月
瓦剌
星
麻兒葛思
雲
客卜思
雷
札

གློག
電
洛

བ
霜
拔

ཁ་བ
雪
渴瓦

སྨུག་པ
霧
思木罷

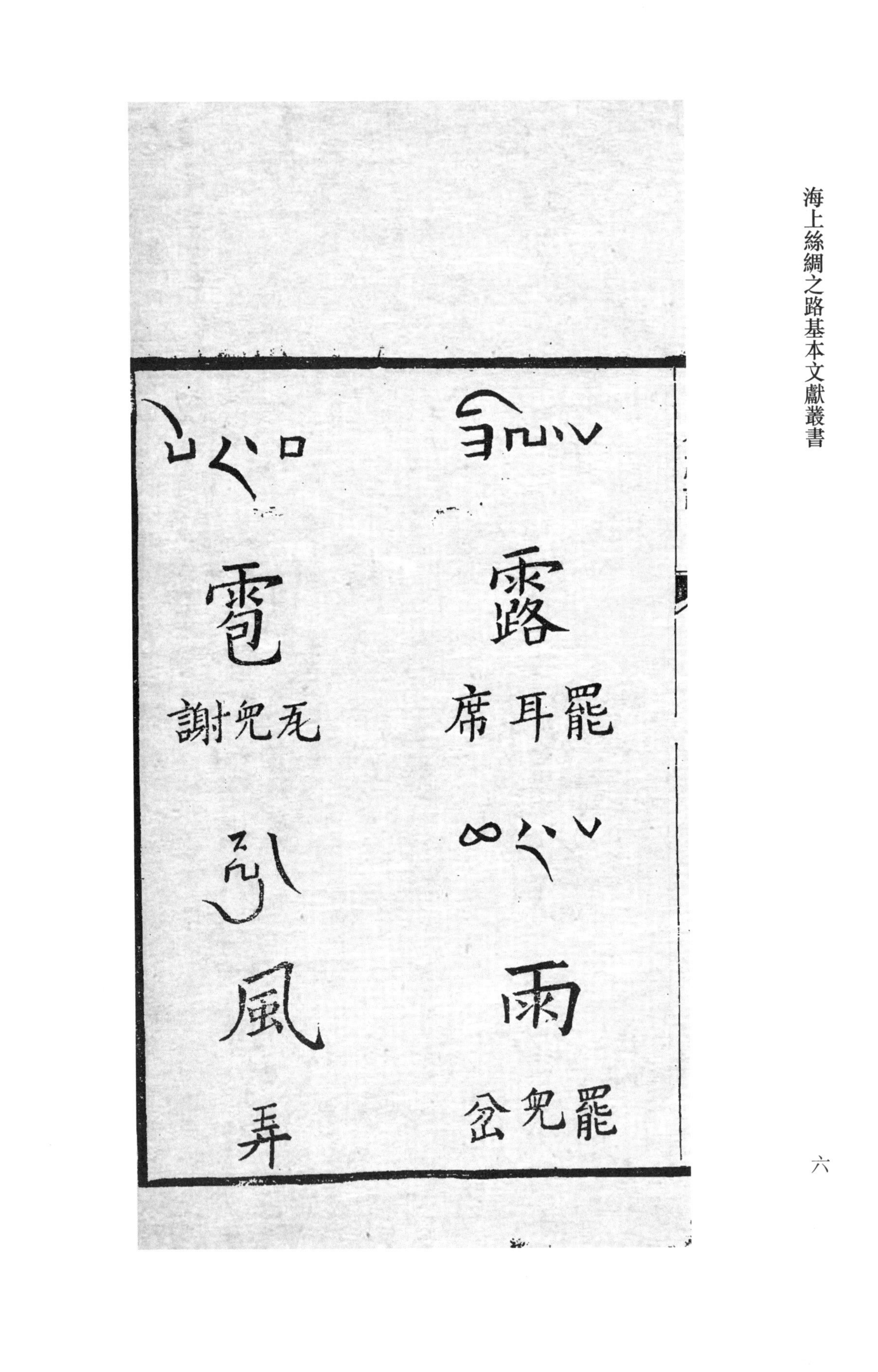

露
罷耳席

雨
罷兒岔

雹
瓦兒謝

風
弄

ཨན་པ་ཚོན
虹蜺
恩北竄

དུ་བ
煙
毒瓦

ཐན་པ་ཤ
天旱
炭罷數

ཆུ་ཕྲ
水滂
朔岔

日出 尼麻夏兒

月出 剌瓦夏兒

日落 尼麻奴

月落 剌瓦奴

པ་བ་སངས།

金星

抜瓦桑

ཕུར་བུ།

木星

樸兒卜

[illegible]

水星

薩失剌

མིག་དམར།

火星

迷黑罵兒

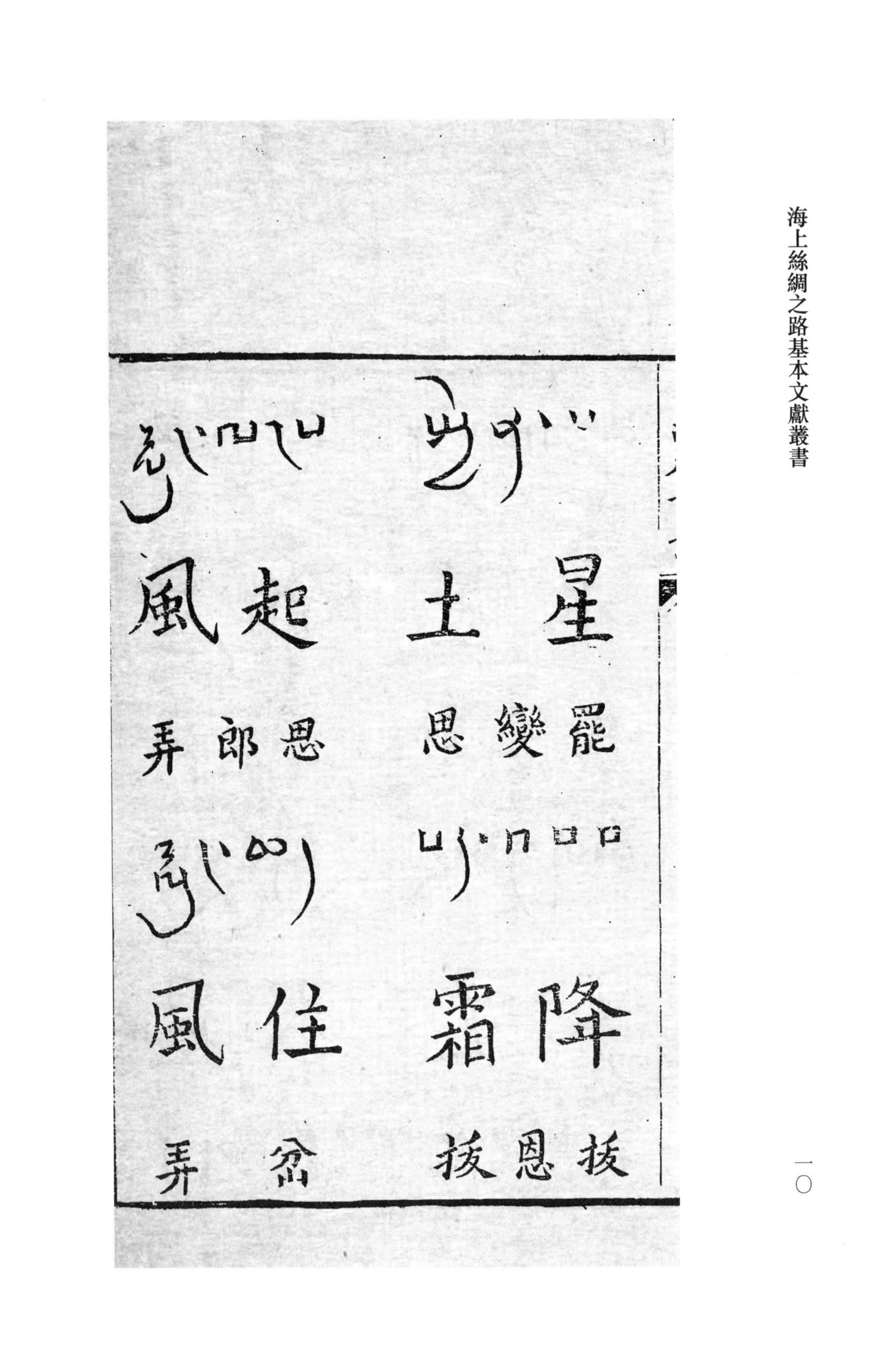

星土
罷變思

降霜
拔恩拔

起風
思郎弄

住風
岔弄

ནམ་མཁའ

虛空

難渴

གནམ་དྭངས

天晴

難當思

ཆོས་དབྱིངས

法界

輟思應思

གནམ་སྡིབས

天陰

難思替卜思

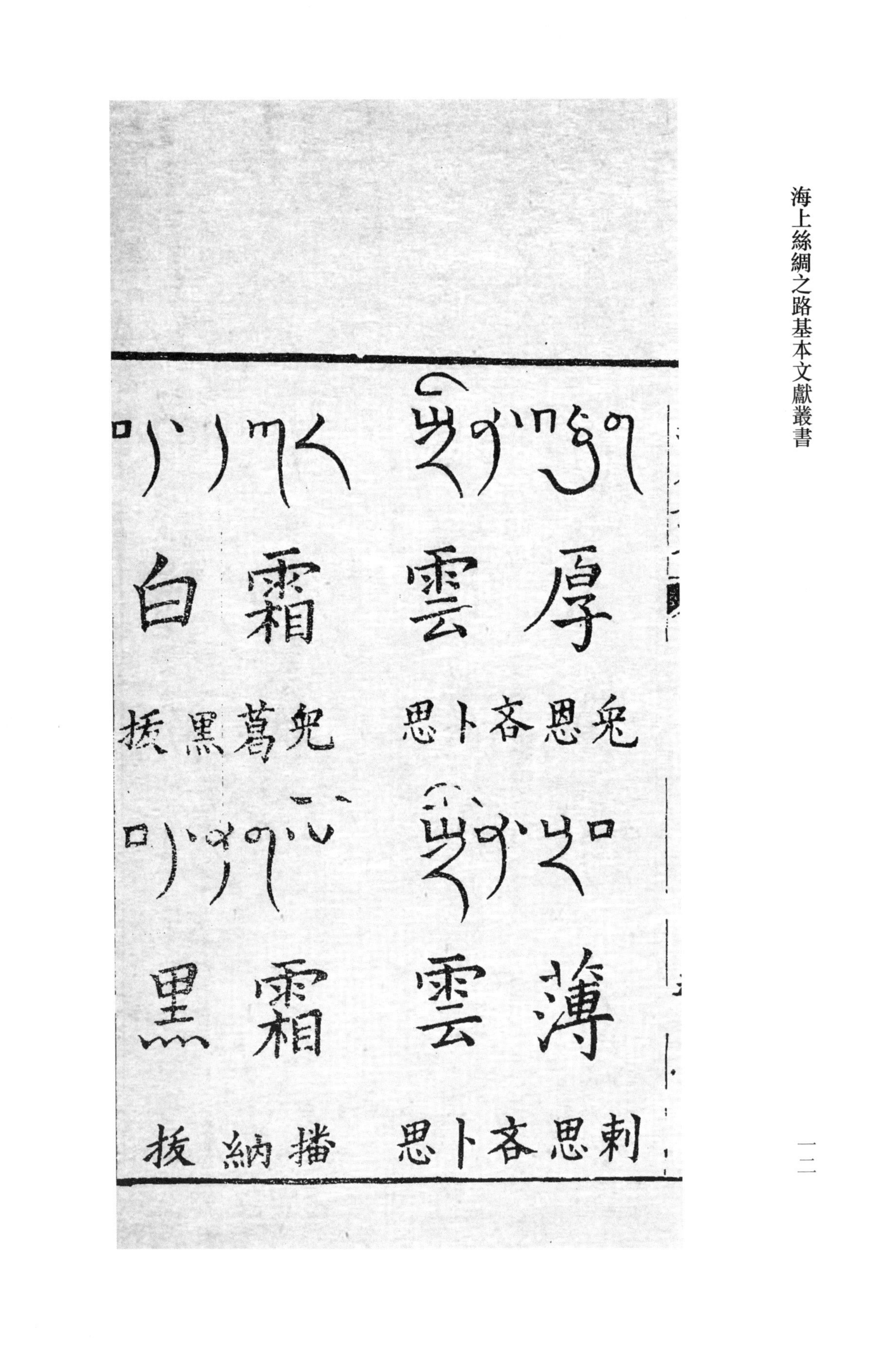

厚雲

兎思客卜思

白霜

兎葛黑掁

薄雲

剌思客卜思

黑霜

播納掁

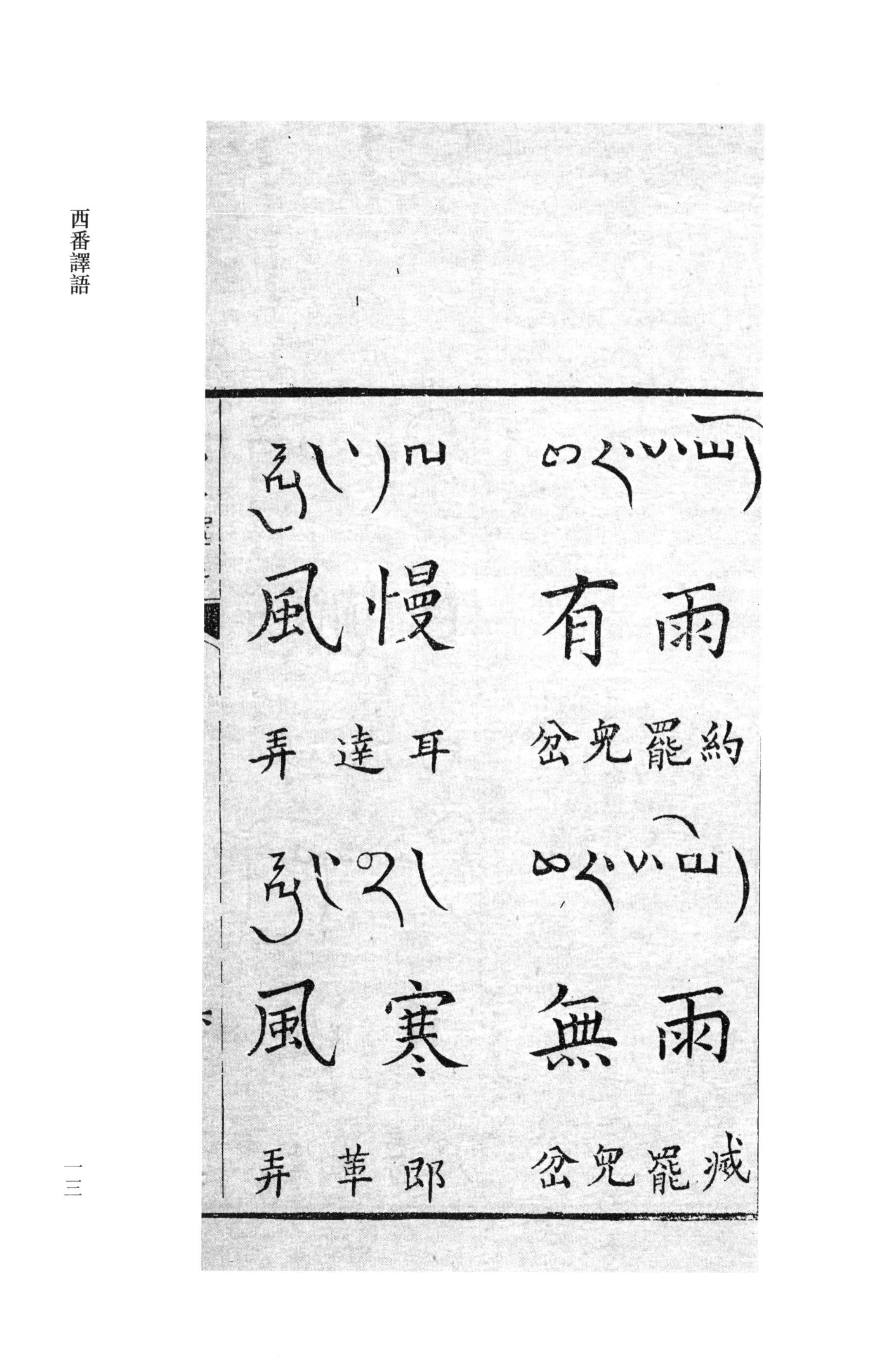

風慢　有雨

弄達耳　岔兜罷約

風寒　無雨

弄華郎　岔兜罷減

ཉི་མ་ཕོག

日照

尼麻破

ཉི་མ་གཡོགས

日遮

尼麻·納克思

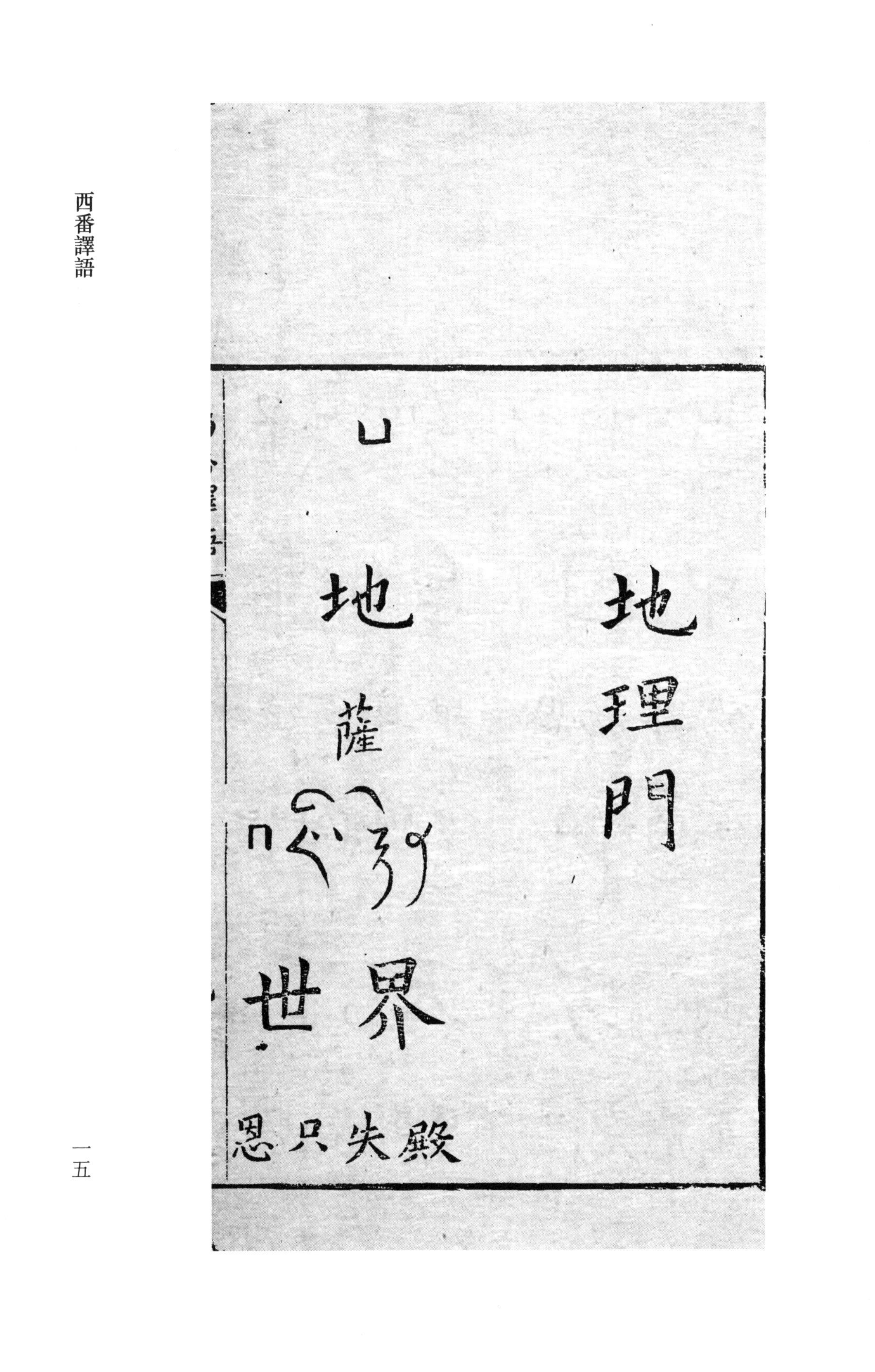

地理門

ས
地
薩

འཇིག་རྟེན
世界
殿失只恩

རྒྱལ་སྲིད
皇圖
甲耳思立

ཡུལ་དབུས
中國
欲耳物思

རྒྱལ་ཁམས
天下
甲耳看思

ས་ཕྱོགས
地方
薩削克思

ཆུ 水 初

མེ 火 滅

རྡོ 石 奪兒

རི 山 梨

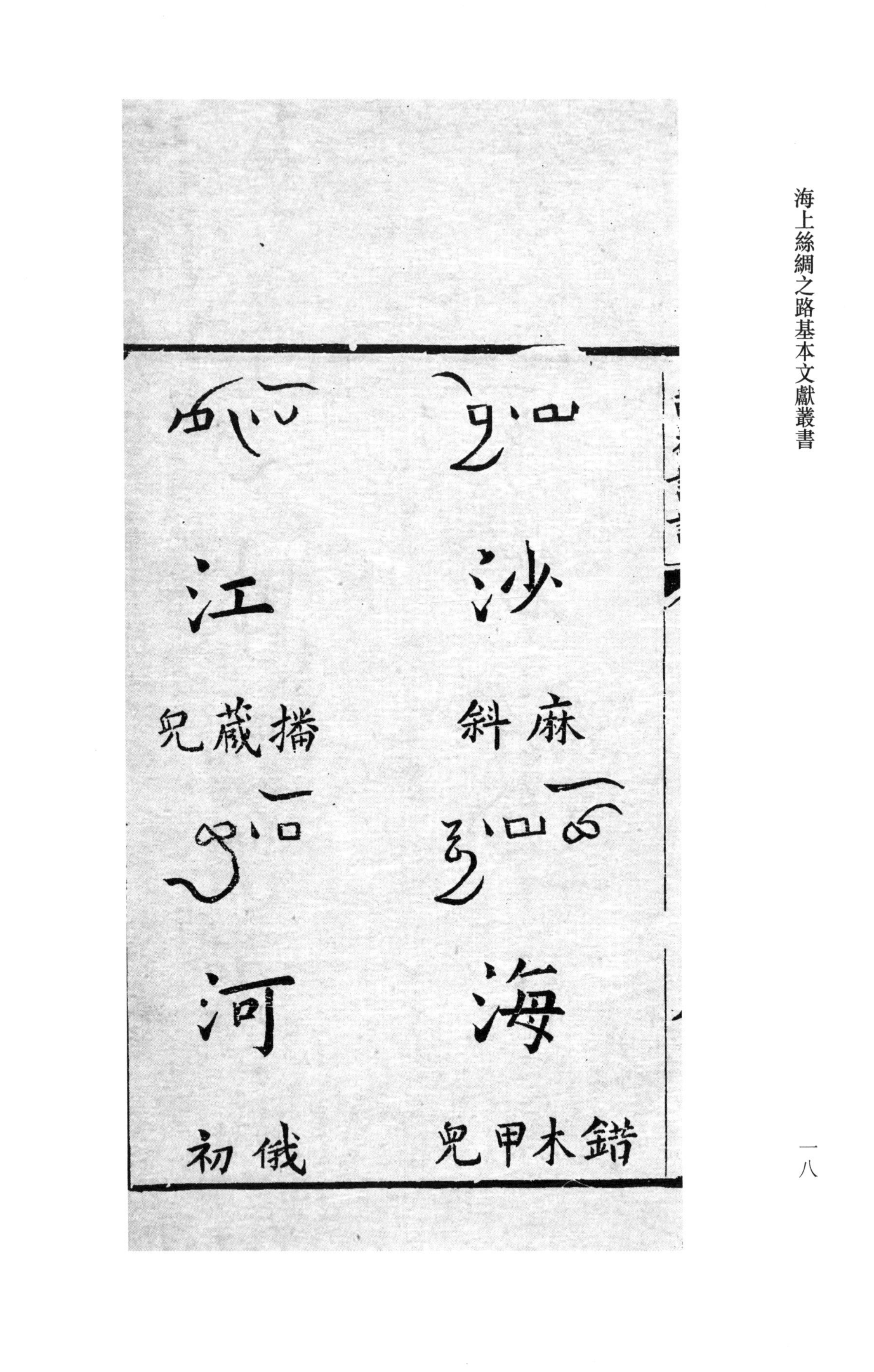

沙

麻斜

海

錯木甲兒

江

播蔵兒

河

俄初

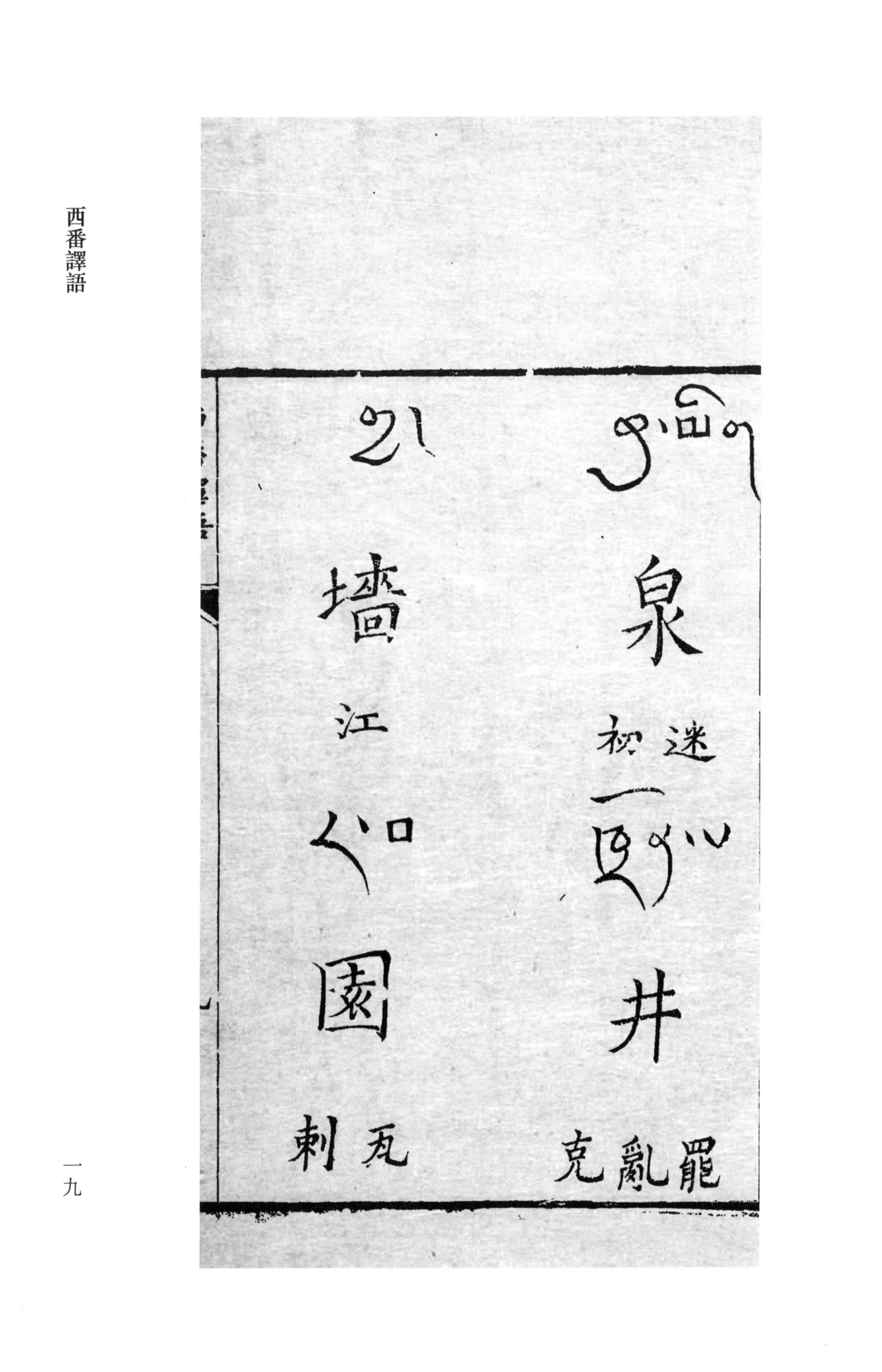

ཆུ་མིག
泉
初迷

ཁྲོན་པ
井
克亂罷

གྱང
墻
江

ར་བ
園
剌瓦

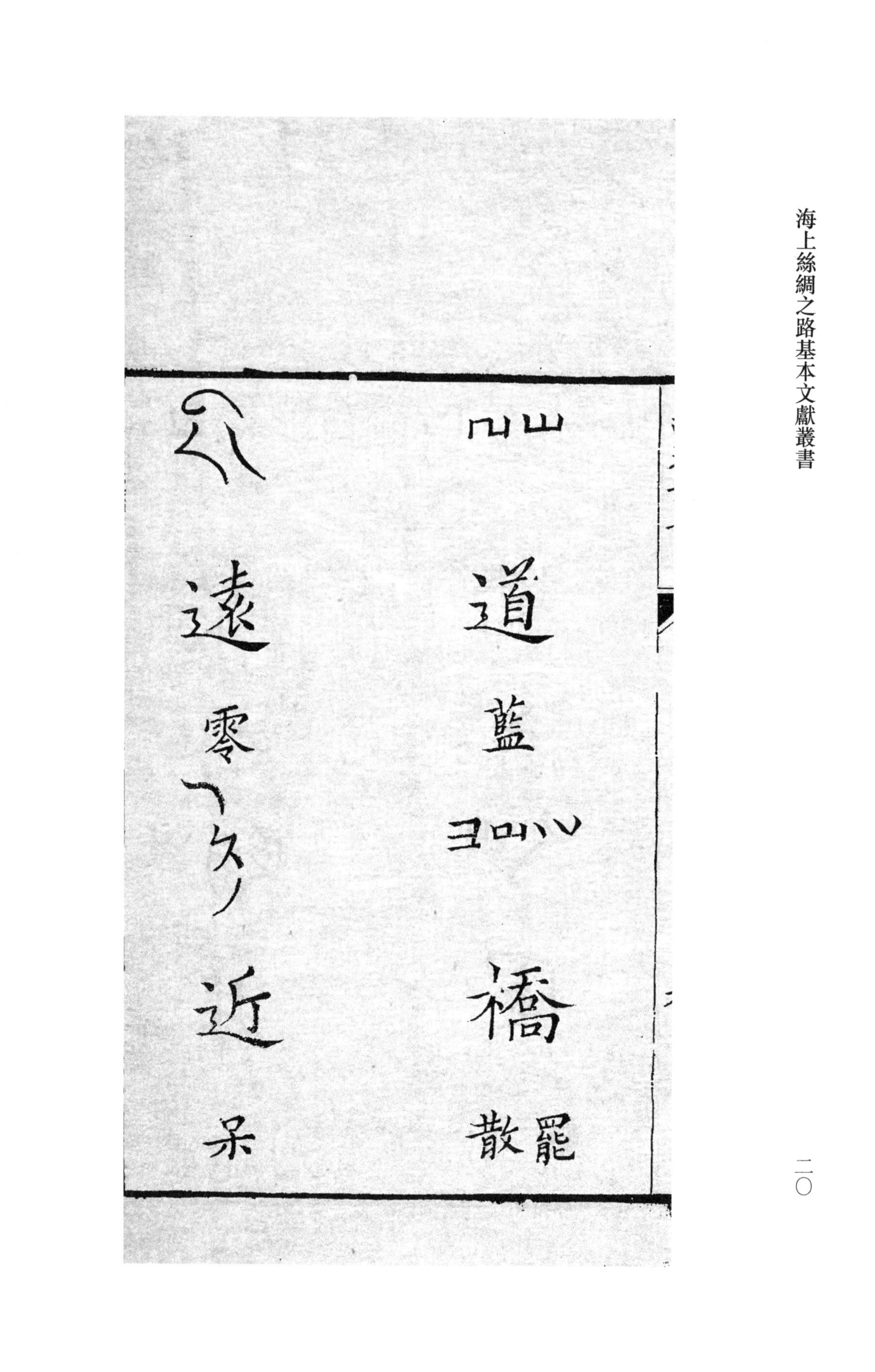

山几

道 藍

ヨ凹ハ

橋 罷散

ㄟ

遠 零

ㄱ久ノ

近 呆

རིང
長
零

ཐུང
短
痛

ཟབ
深
薩

ཟབ་མི
淺
薩迷

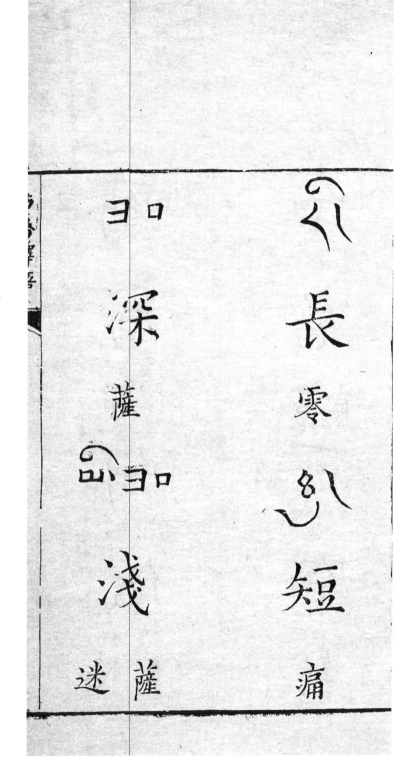

高
團木
低
慢黑

寬
思羊
窄
奪

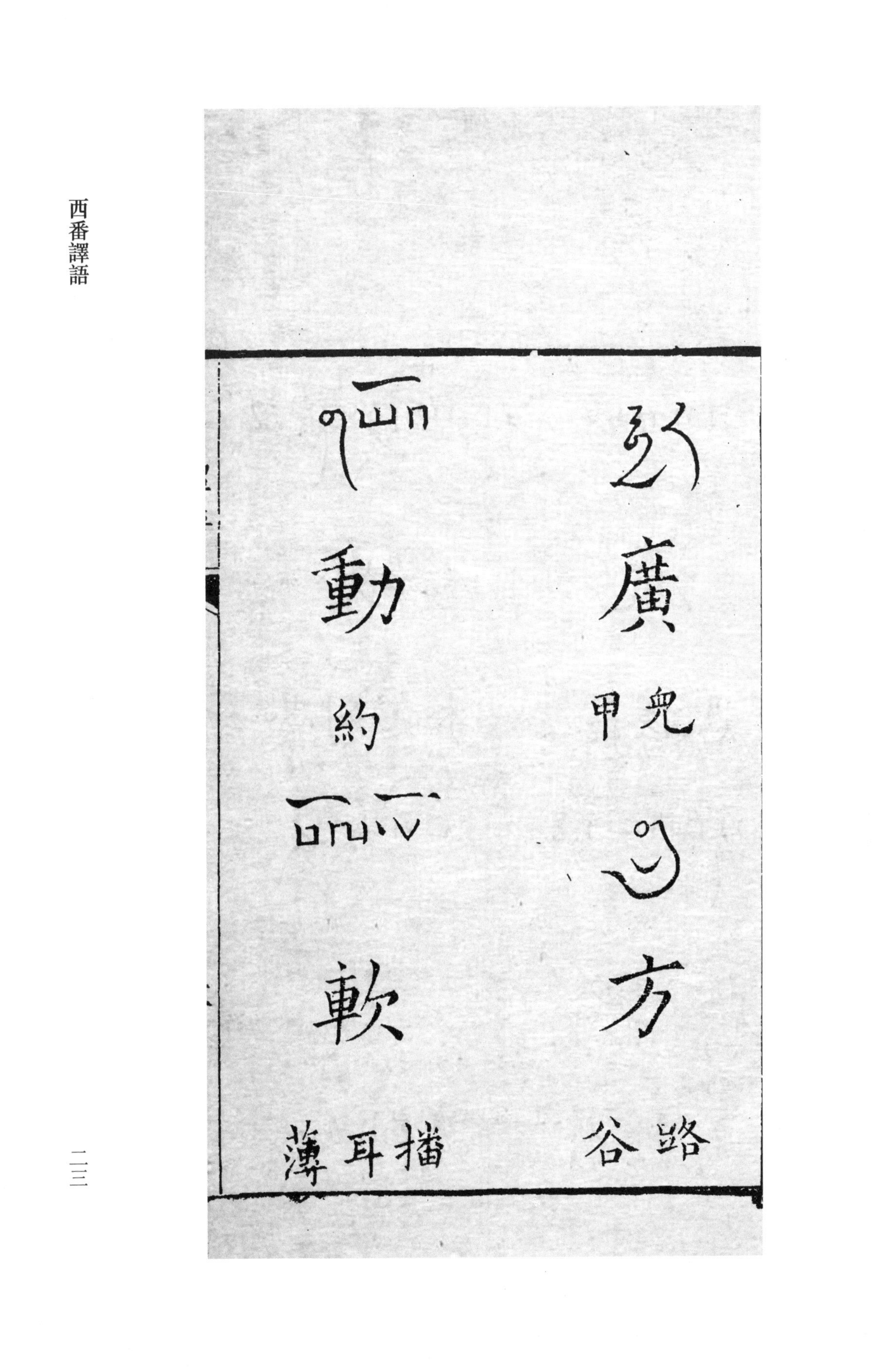

廣
兜甲

方
路谷

動
約

軟
播耳薄

硬

思列克木

里

兒瓦列薩

流

罷捘恩

陸路

藍幹思

གཞིས་མཁར　　སངས་རྒྱས་ཞིང

京城　　佛境

黑謝兒木渴兒　　桑思兒甲思吉繩

རྨ་ཆུ　　སངས་རྒྱས་བསྟན་པ

黃河　　佛教

兒罵初　　桑思兒甲思吉卜思旦罷

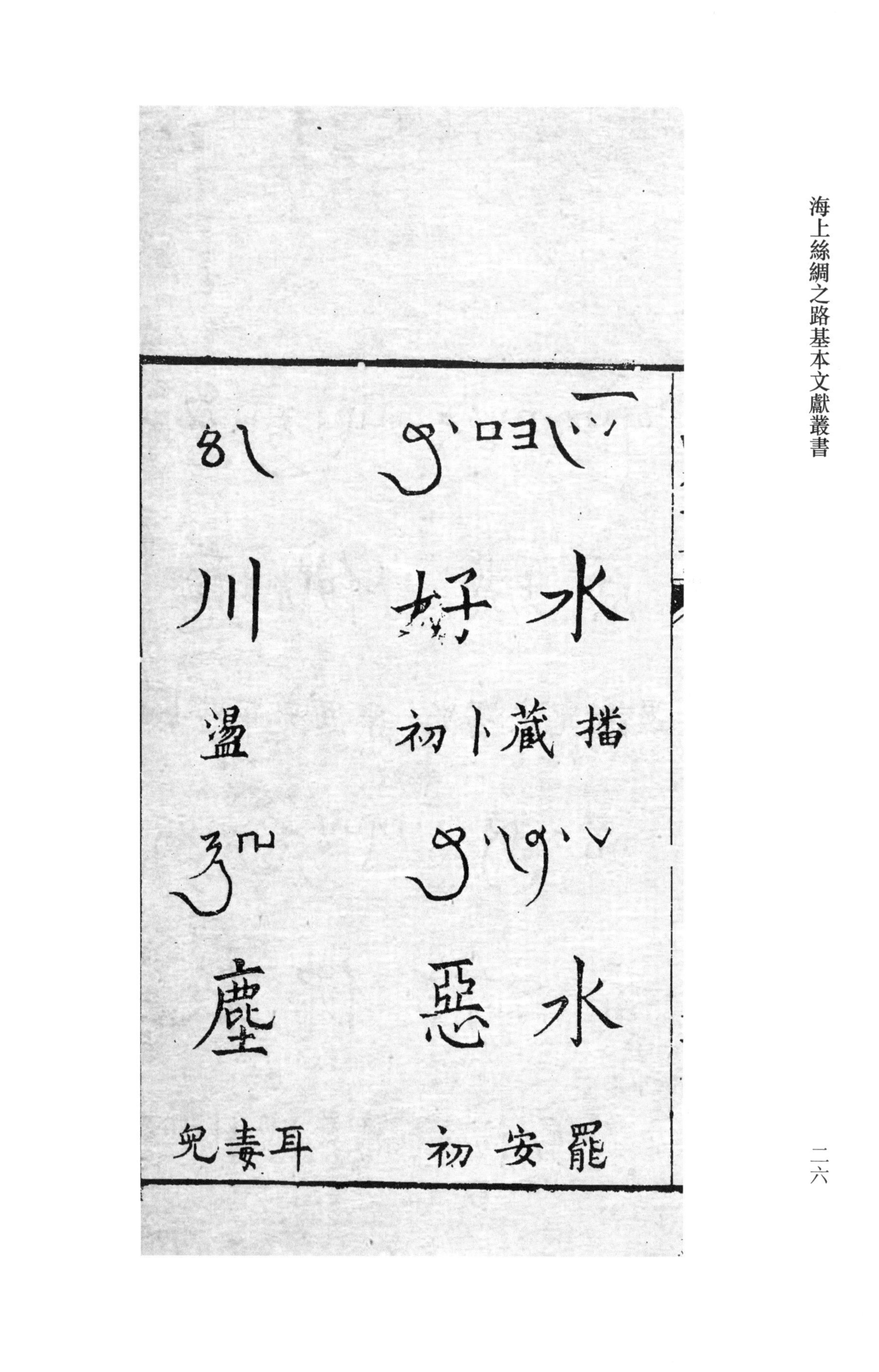

水好

播藏卜初

川

盪

水惡

罷安初

塵

耳妻兒

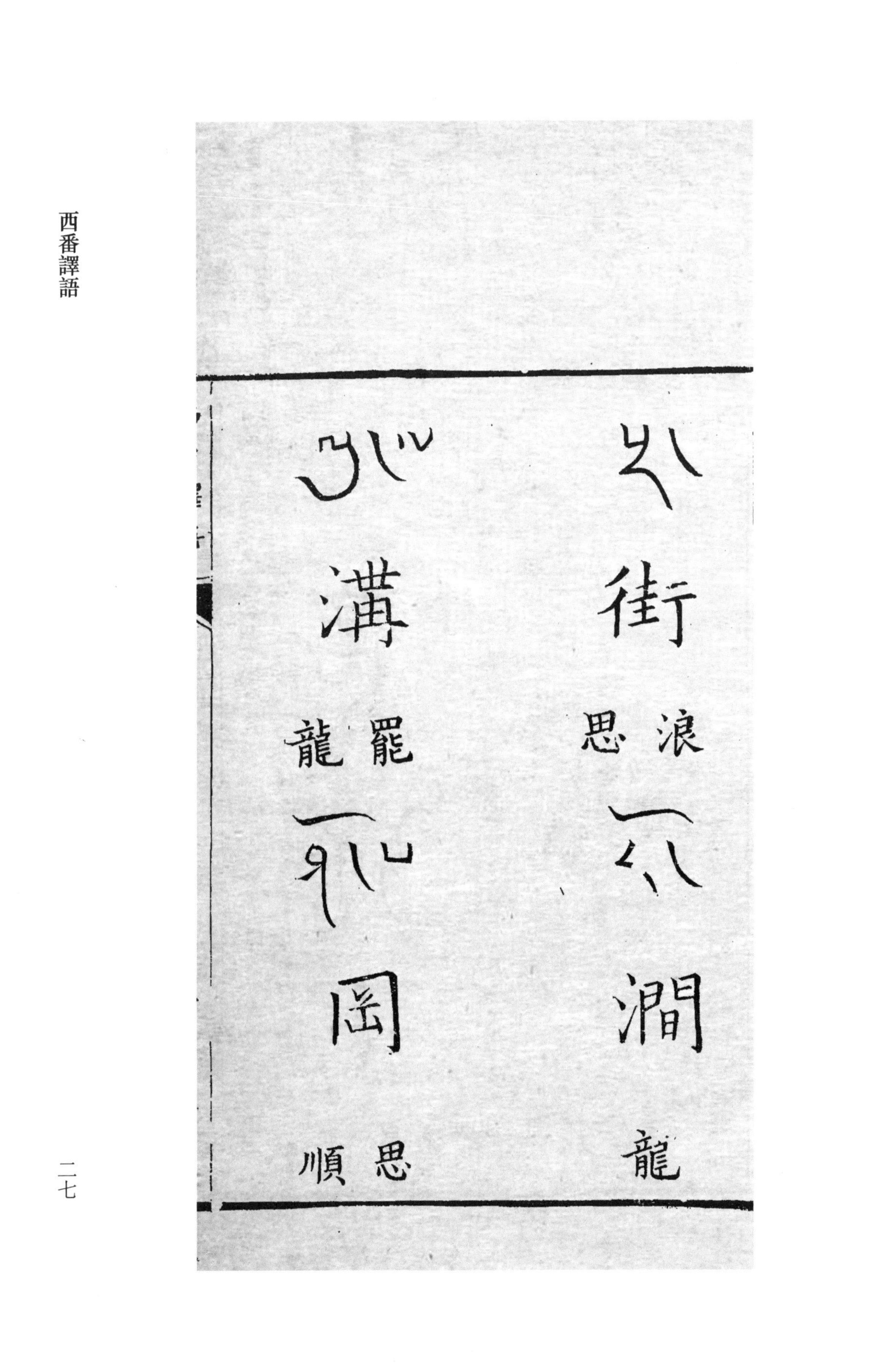

街 浪思

澗 龍

溝 罷龍

閫 思順

邊臺

塔木

思克楪思

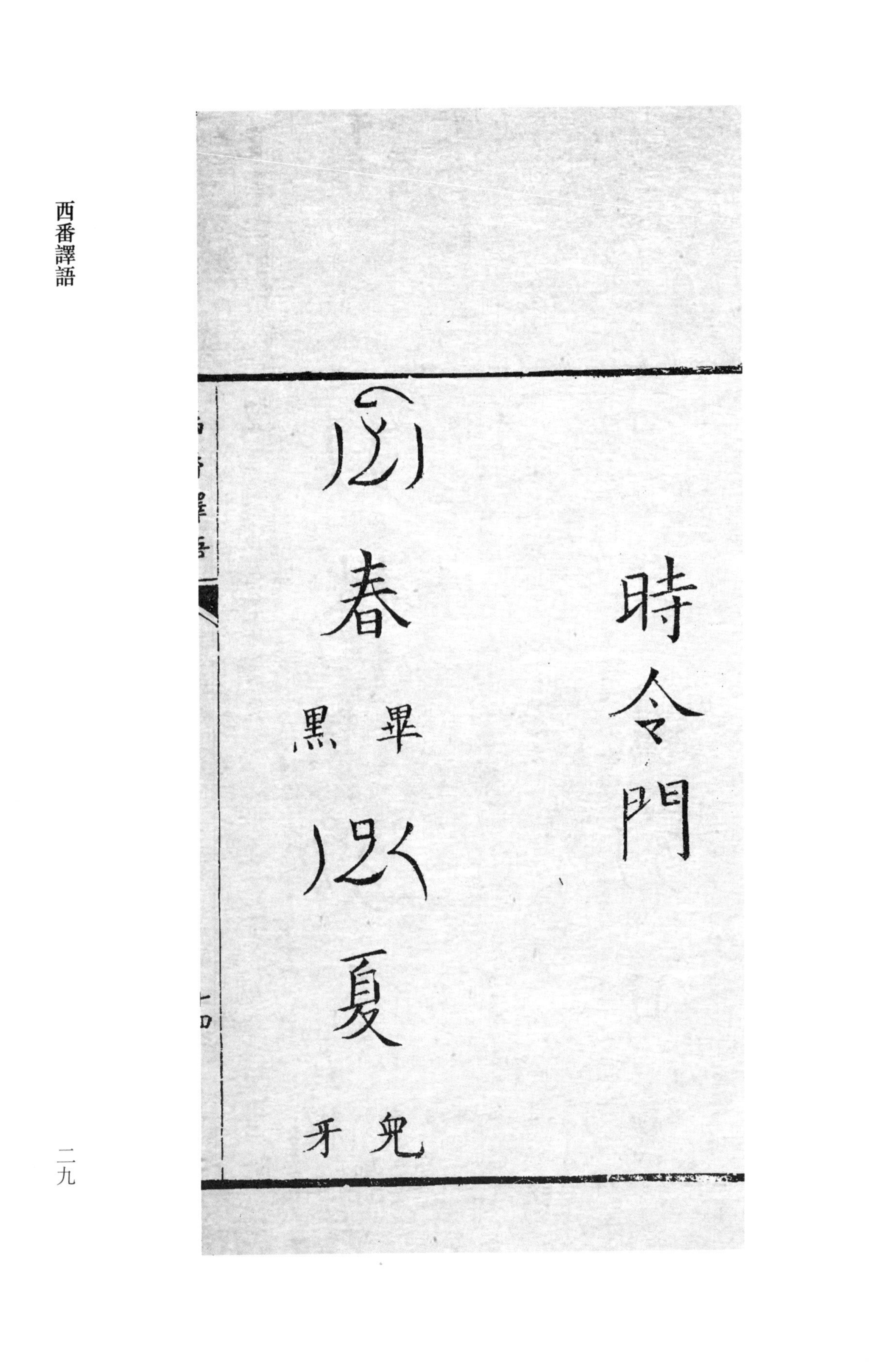

## 時令門

春

畢黑

夏

兒牙

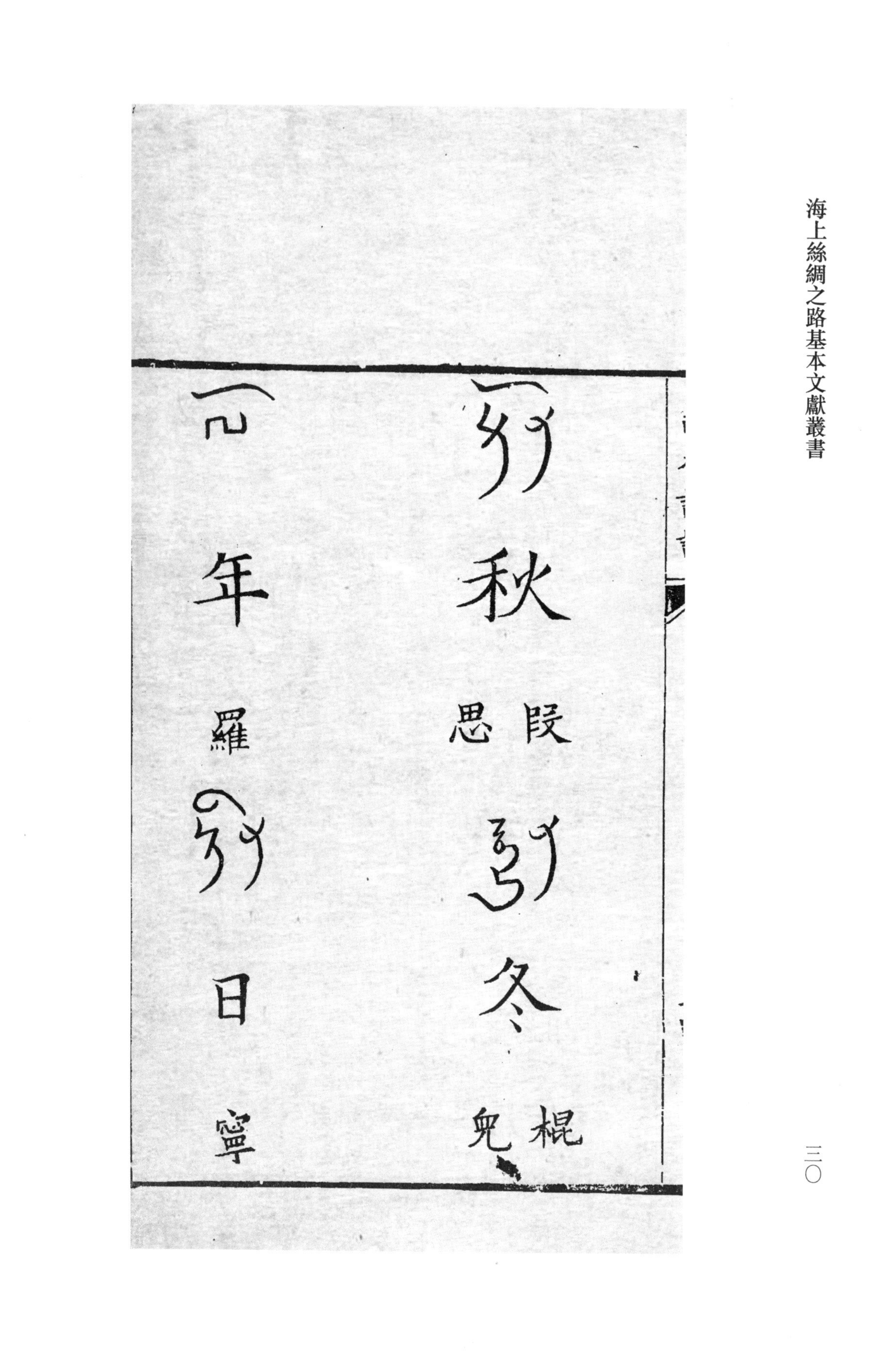

初秋段思[illegible]冬棍兜

元年羅初日寧

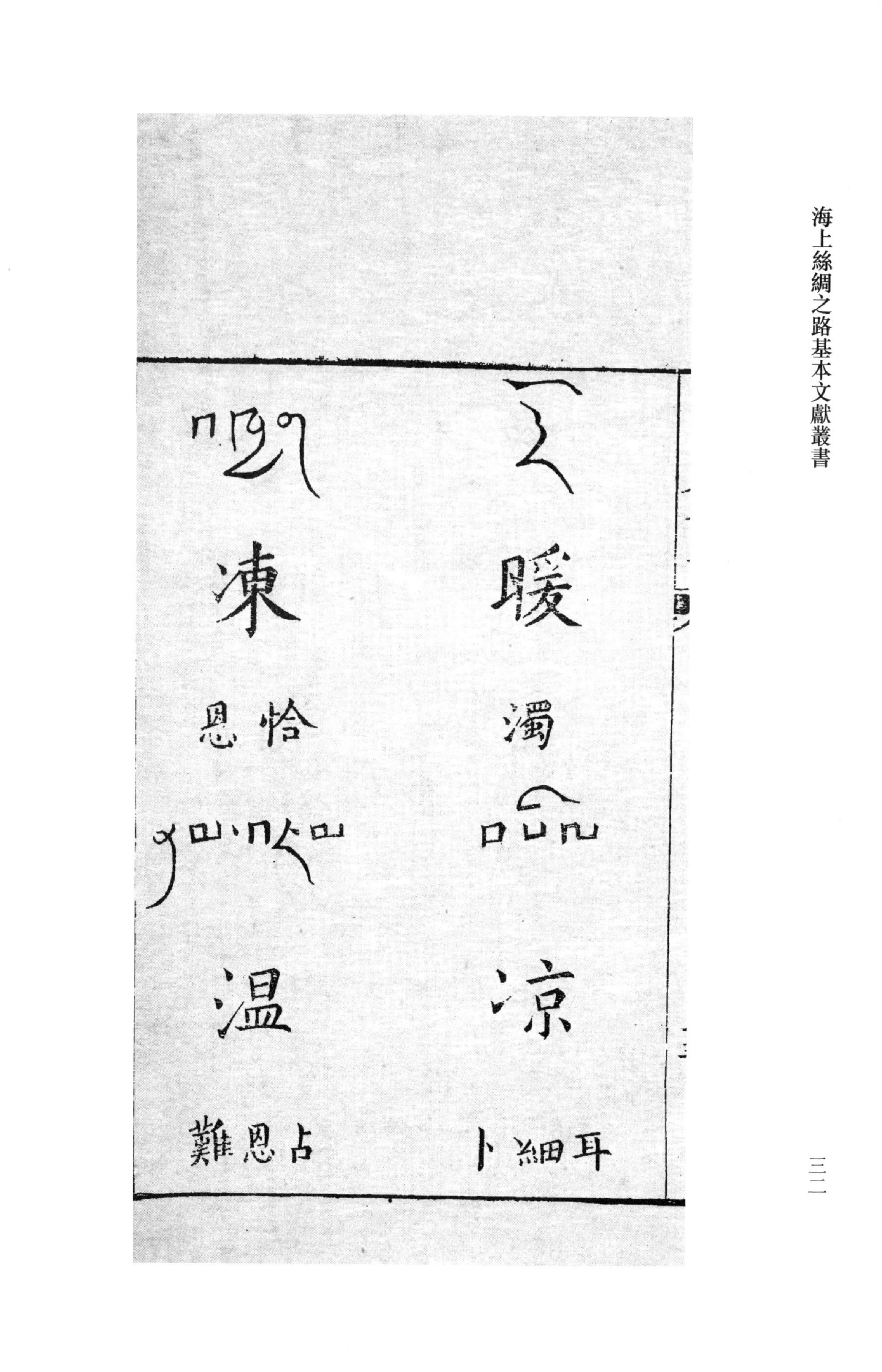

དྲོ
暖
濁

བསིལ
涼
卜細耳

ཁྱག
凍
恩恰

[illegible]
溫
難恩占

དུས
時
思菊

ཉིན་མཚན
夜晝
叅木寧

ཚ
熱
擦

གྲང
寒
郎華

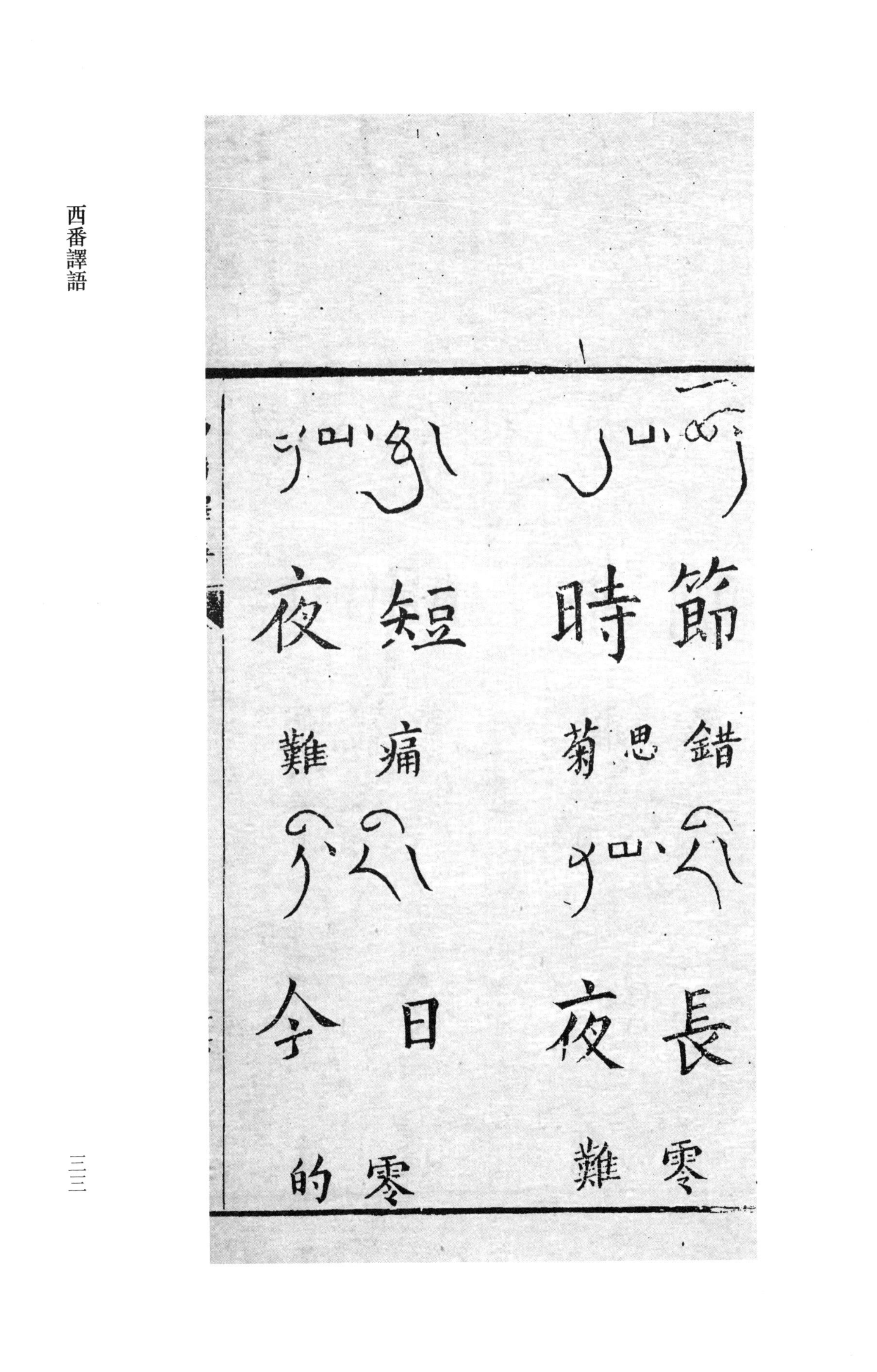

節時

錯思菊

短夜

痛難

長夜

零難

日今

零的

日 兒

年 羅

明 罷囊

今 達

年 羅

昔 麻萬思

明 桑

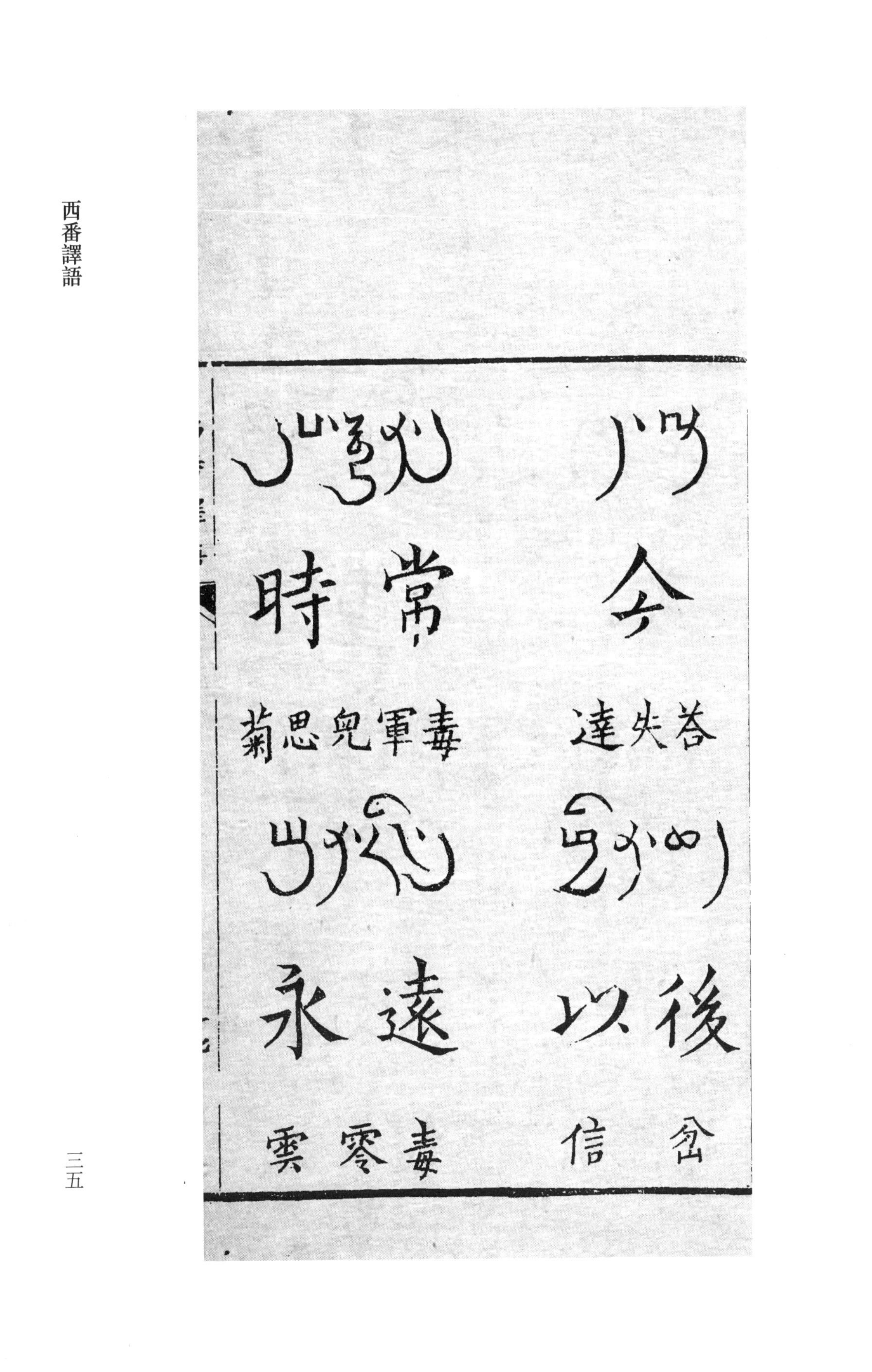

今

達失荅

時常

菊思兒軍毒

以後

信岔

永遠

雲零毒

ཉིན

晝

寧磨

མཚན

夜

木絫磨

ཡུད

刻

欲谷

ཞོགས

早

思阿濁

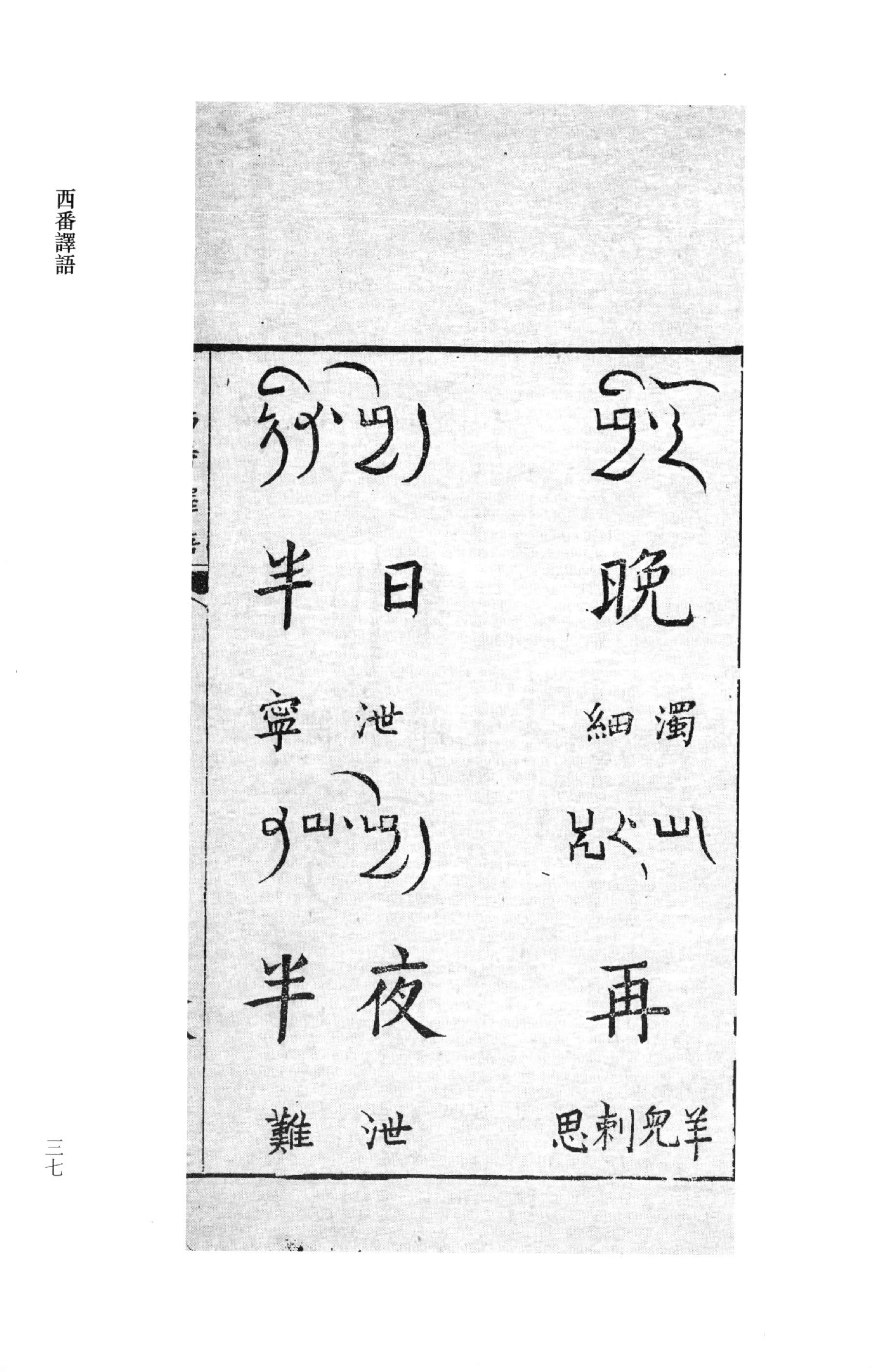

晚
濁細

再
羊兒剌思

半日
寧泄

半夜
難泄

ལོ་གསར་

新年

羅黑薩兕

ལོ་རྙིང་

舊年

羅兕甯

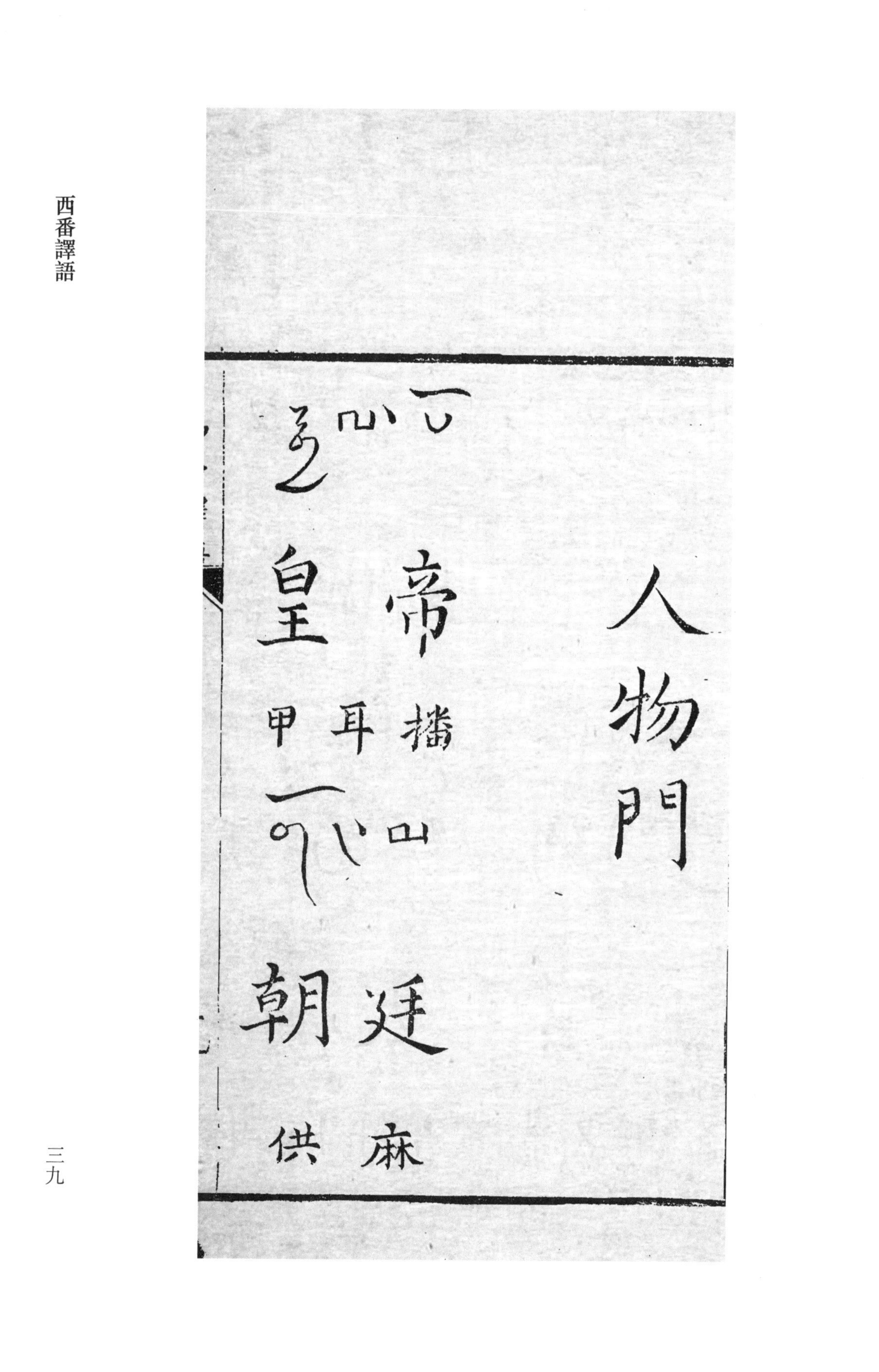

人物門

皇帝
甲耳播

朝廷
供麻

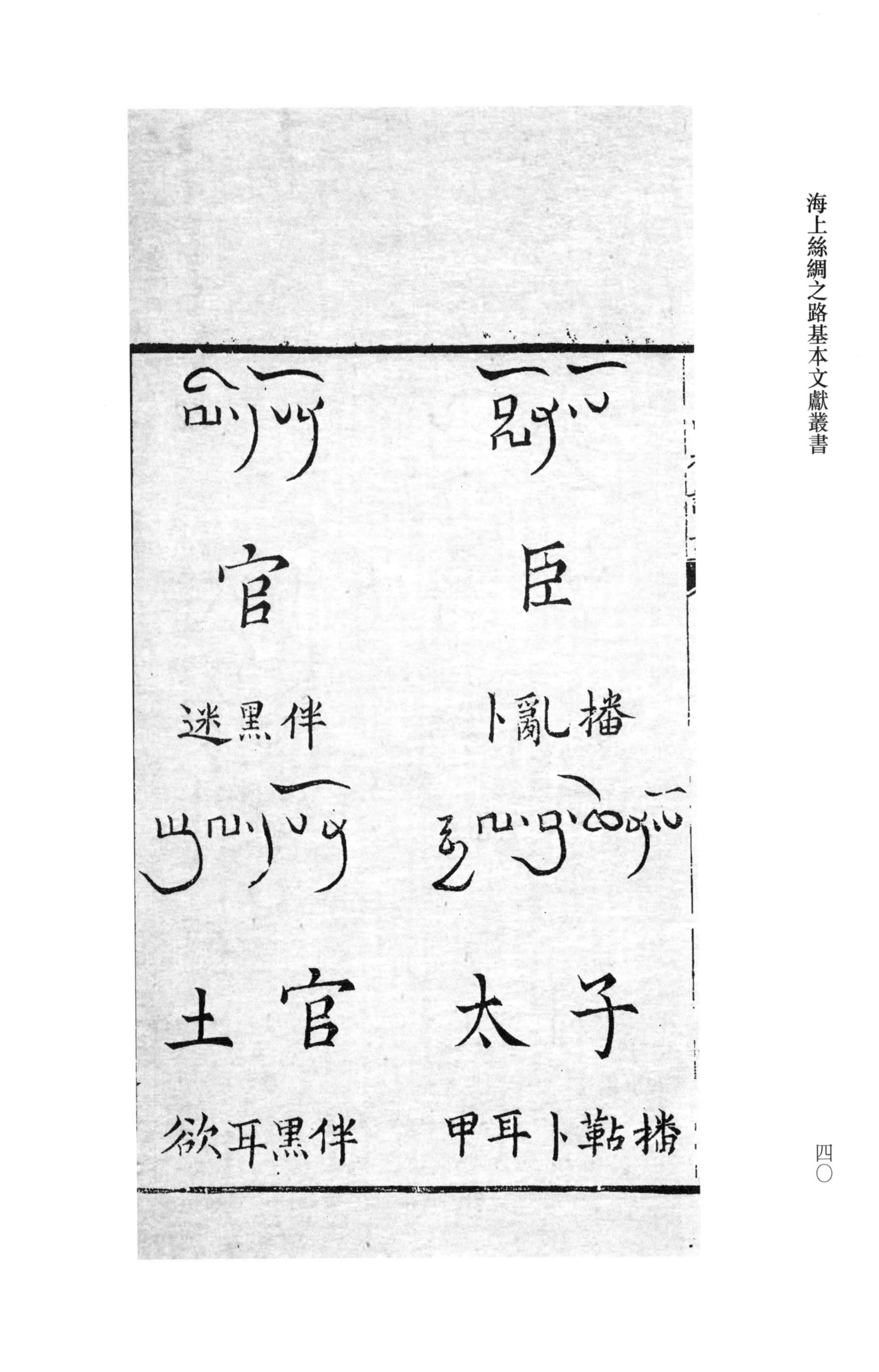

臣

播亂卜

官

伴黑迷

太子

播鞊卜耳甲

土官

伴黑耳欲

དམག་དཔོན
武官
罵黑伴

མགོ་དཔོན
頭目
母郭黑伴

སློབ་དཔོན
師傅
思洛黑伴

[illegible]
文官
迷思標惠黑伴

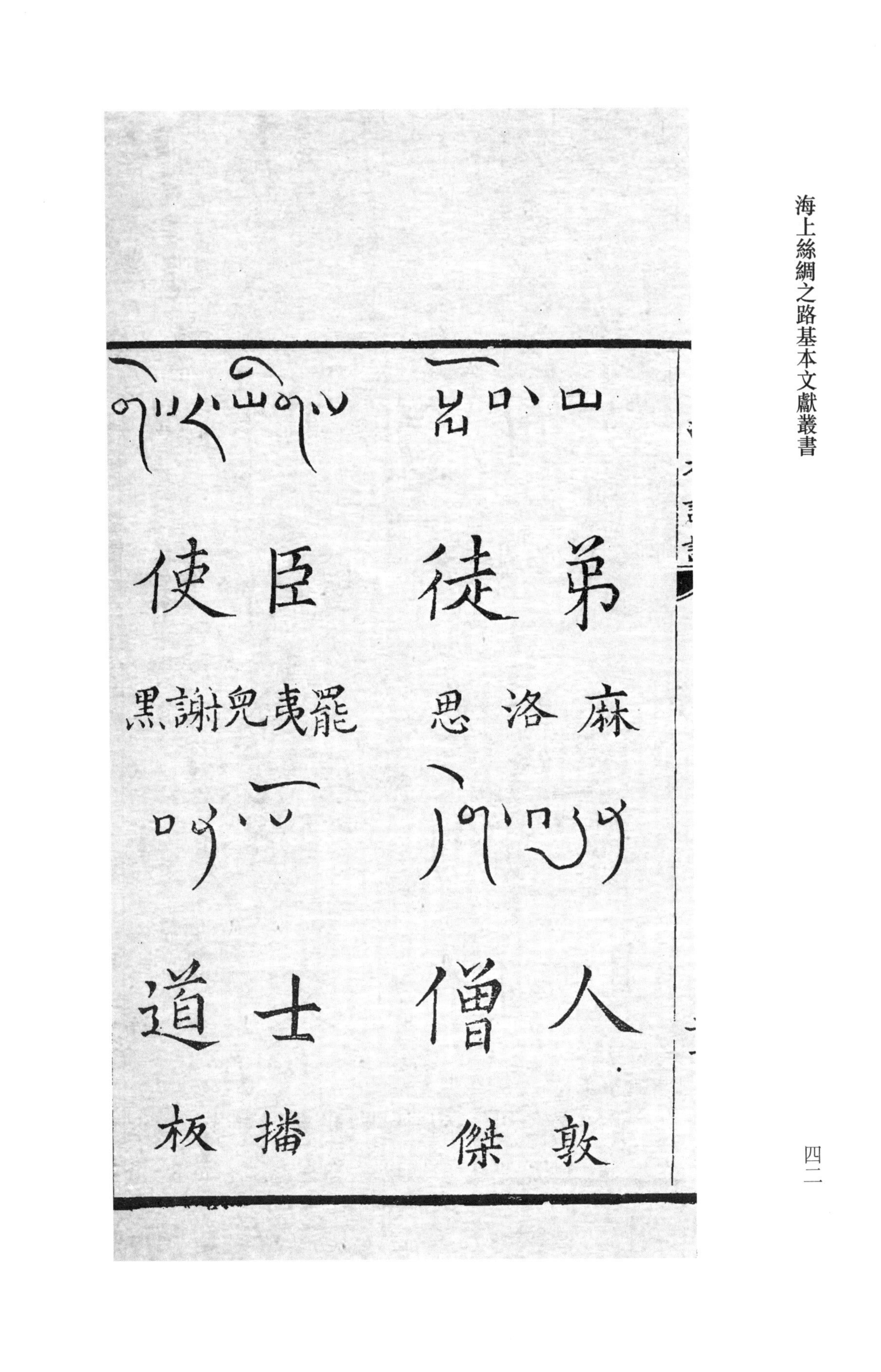

徒弟

思洛麻

使臣

黑謝兒夷罷

僧人

敦傑

道士

播板

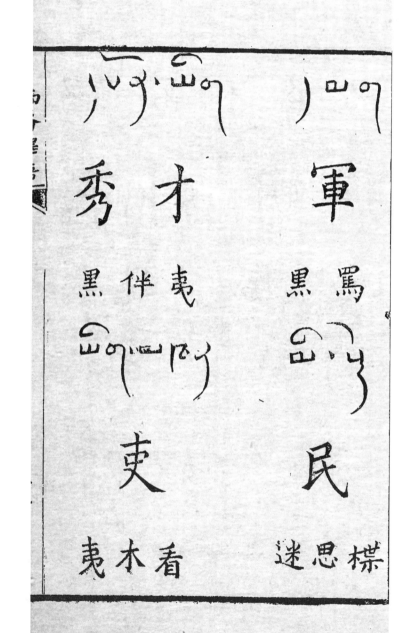

軍

黑罵

民

迷思楪

秀才

黑伴夷

吏

夷木看

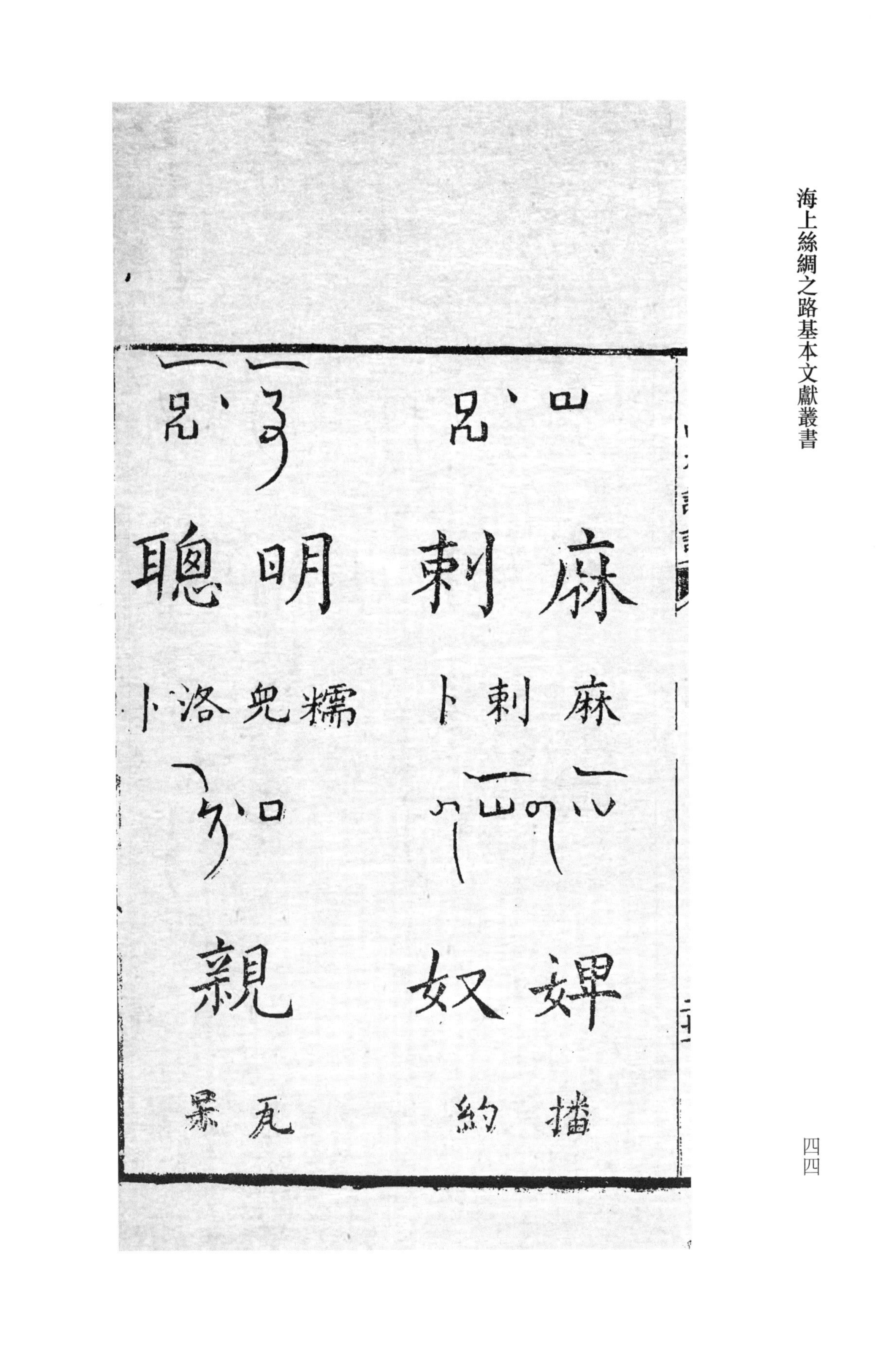

麻剌

麻剌卜

聰明

糯兜洛卜

婢奴

播約

親

瓦累

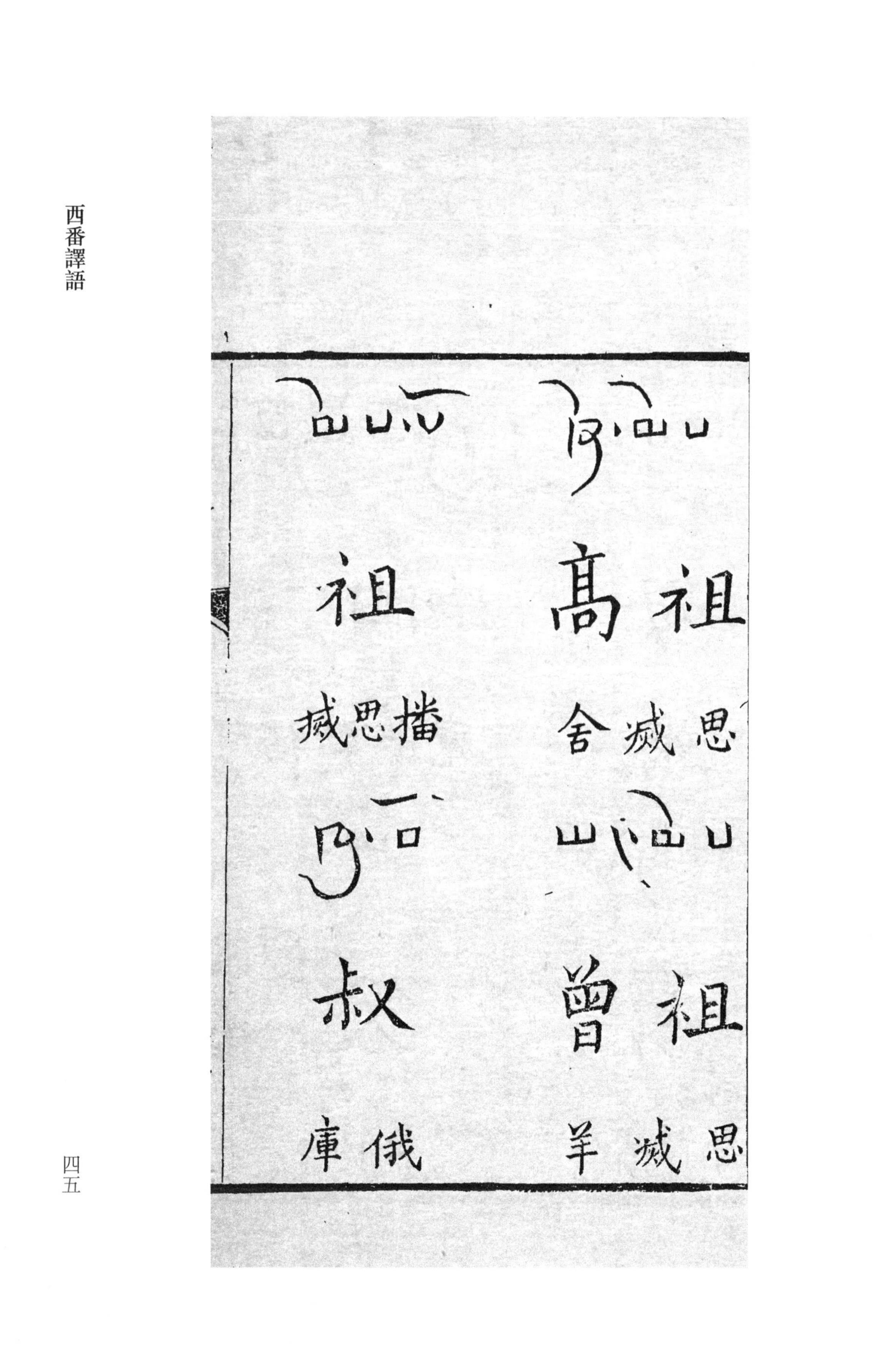

高祖
思臧舍

曾祖
思臧羊

祖
播思臧

叔
俄庫

ཕོ་ཚེ་ངོ་ཀུ

伯

播鞊俄庫

ཕ

父

怕

མ

母

麻

ཞང

舅

賞阿

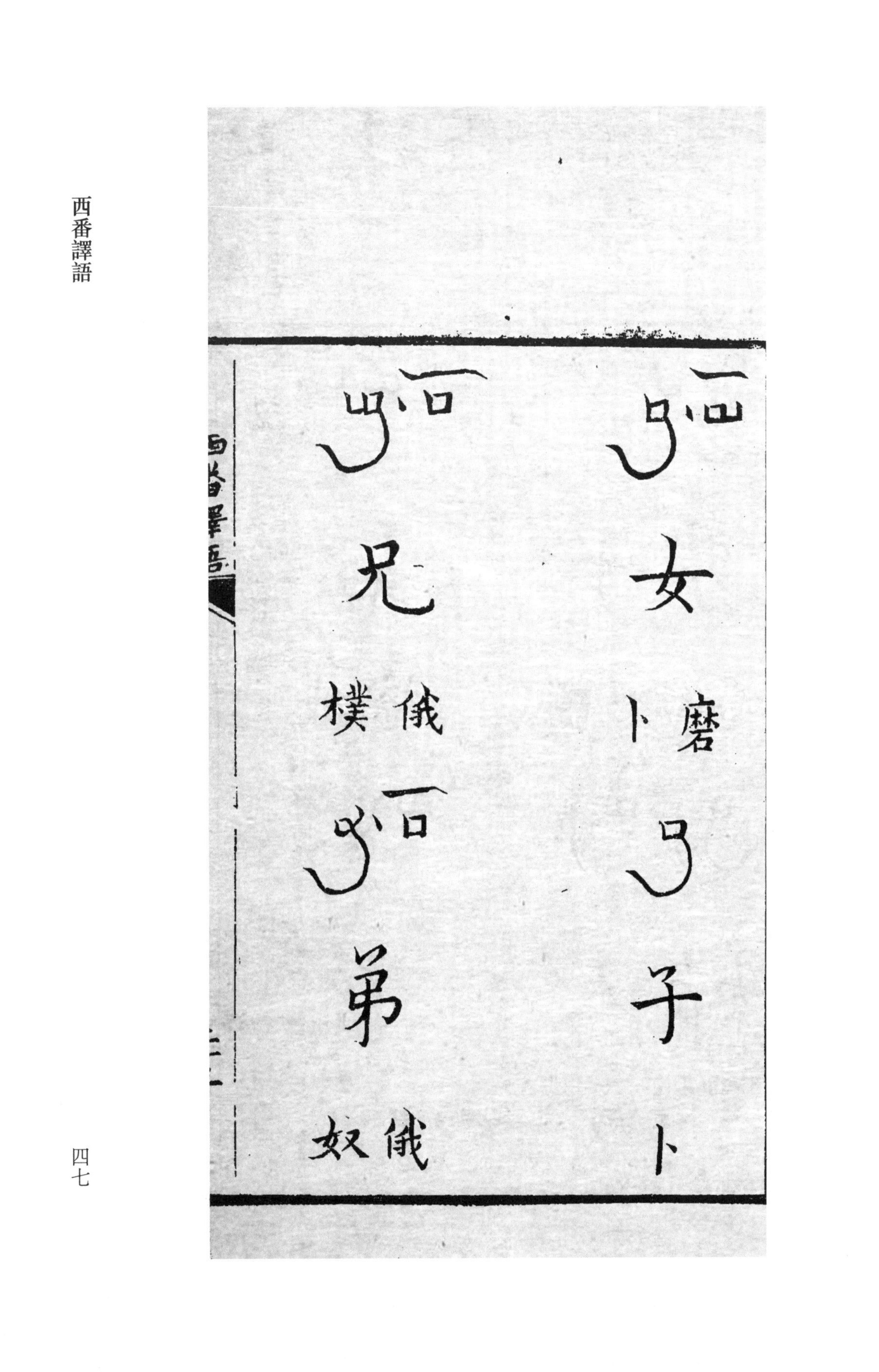

女子
磨卜

兄
俄樸

弟
俄奴

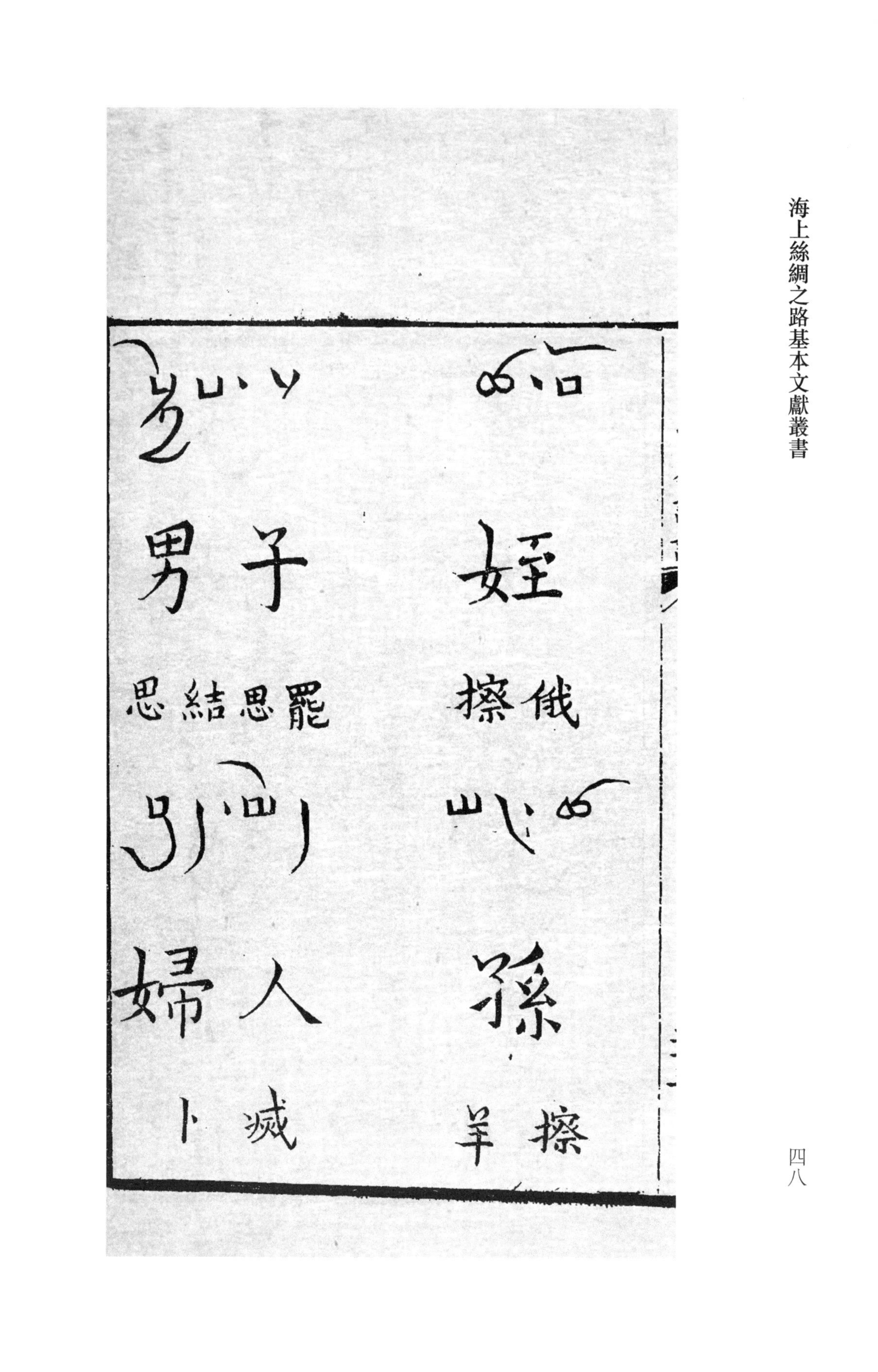

姪

俄擦

孫

擦羊

男子

罷思結思

婦人

減卜

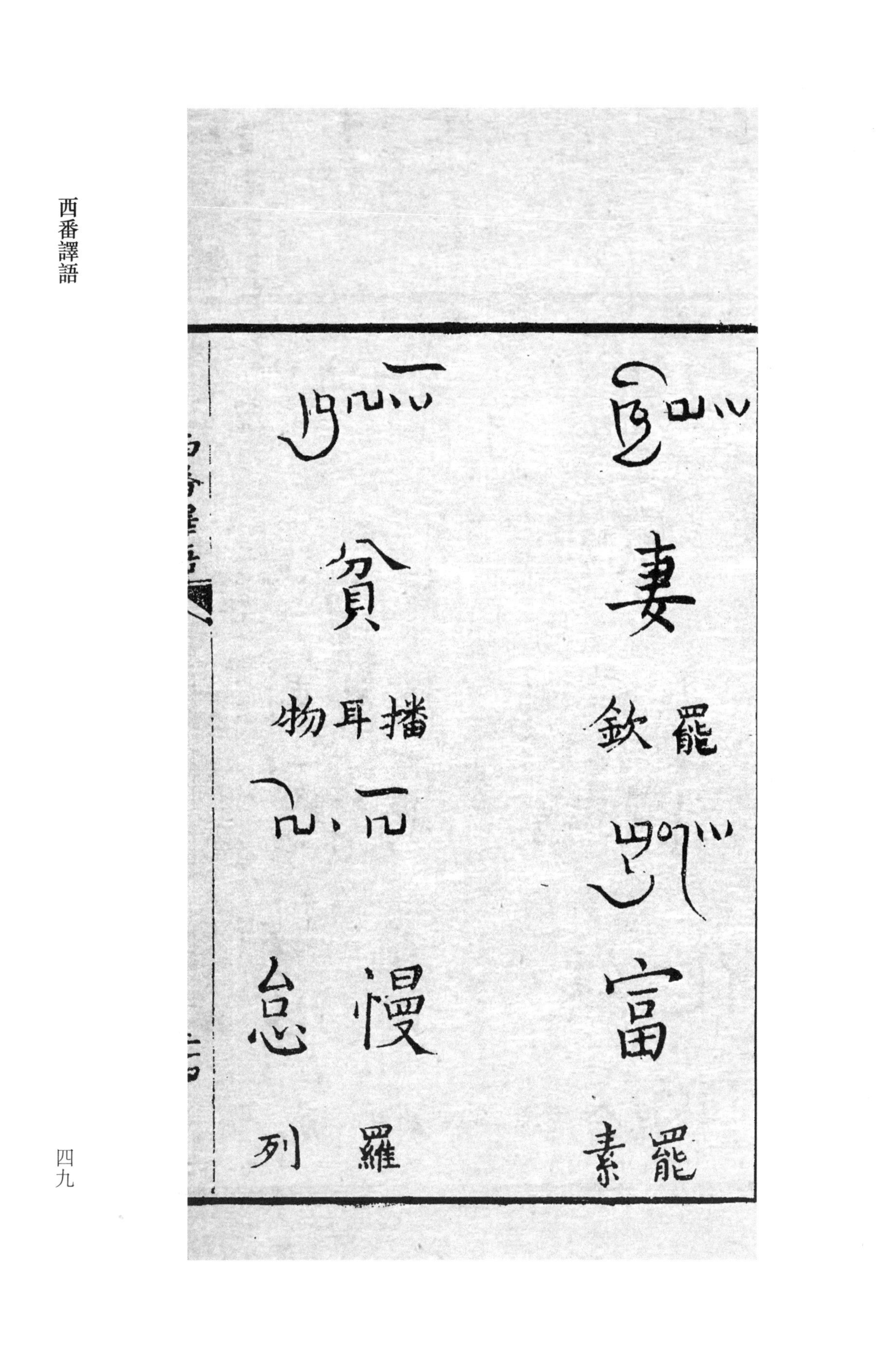

妻 罷欽

富 罷素

貧 播耳物

慢 羅

怠 列

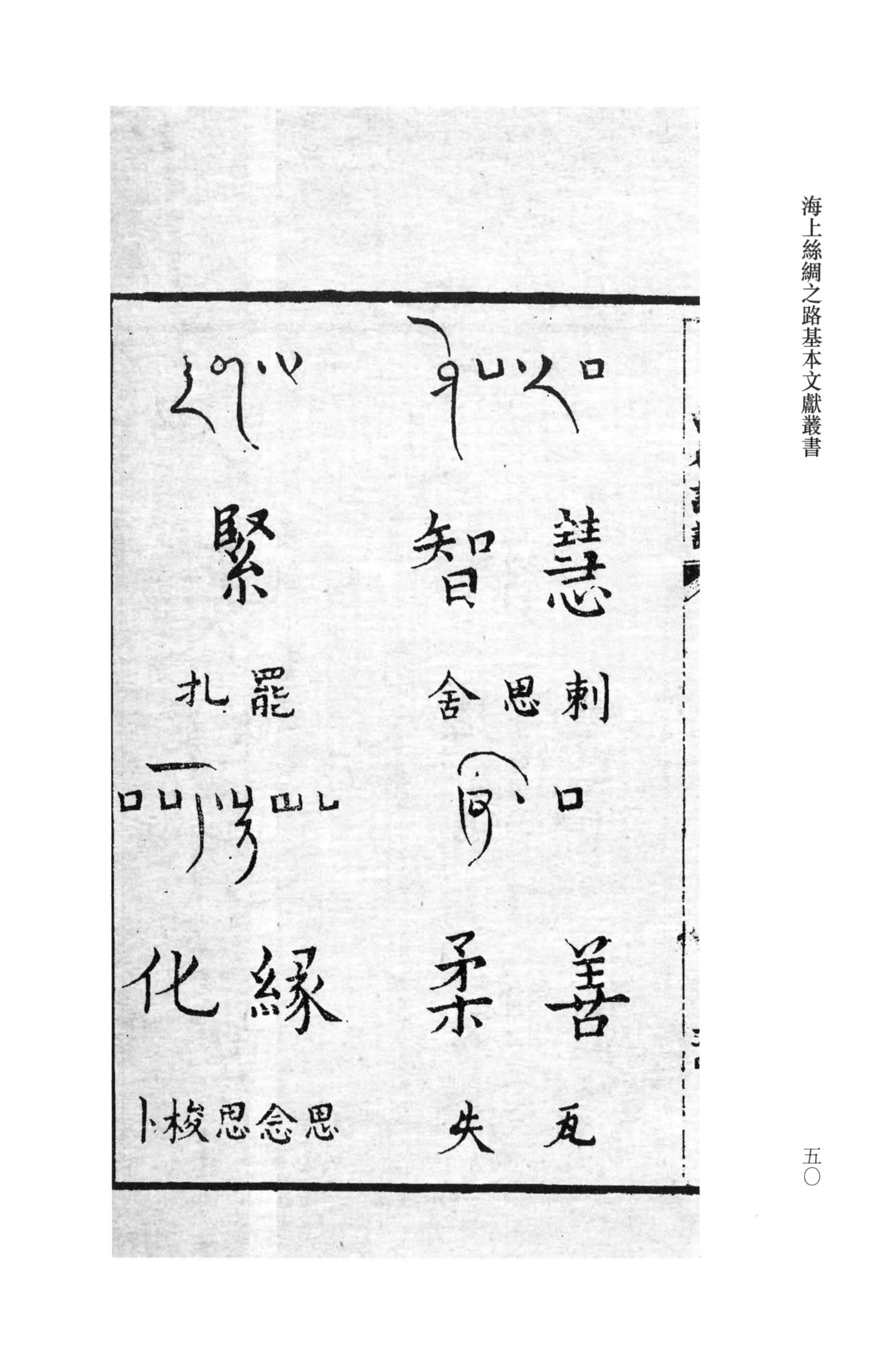

ཤེས་རབ
智慧
舍思剌

緊
扎罷

ཞི་བ
柔善
失瓦

བསོད་ནམས
化緣
卜捘思念思

བདག་པོ 主 卜達播

ན་སོ 歲 拿梭

རྒན་པོ 老 兒幹播

ཇག་པ 賊 扎罷

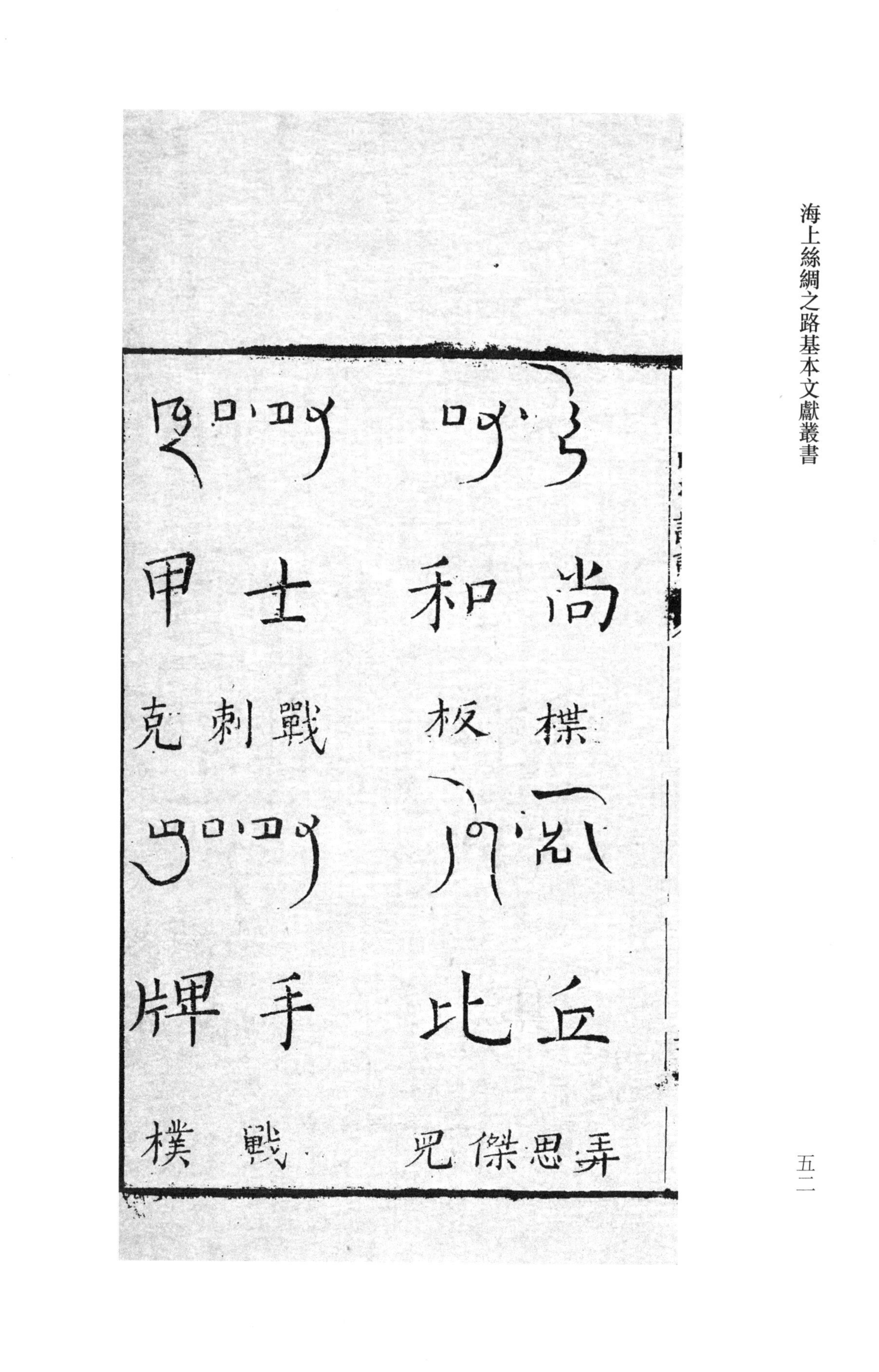

甲　士　　和　尚

克剌戰　　板　樸

牌　手　　比　丘

樸　戰　　兕傑思弄

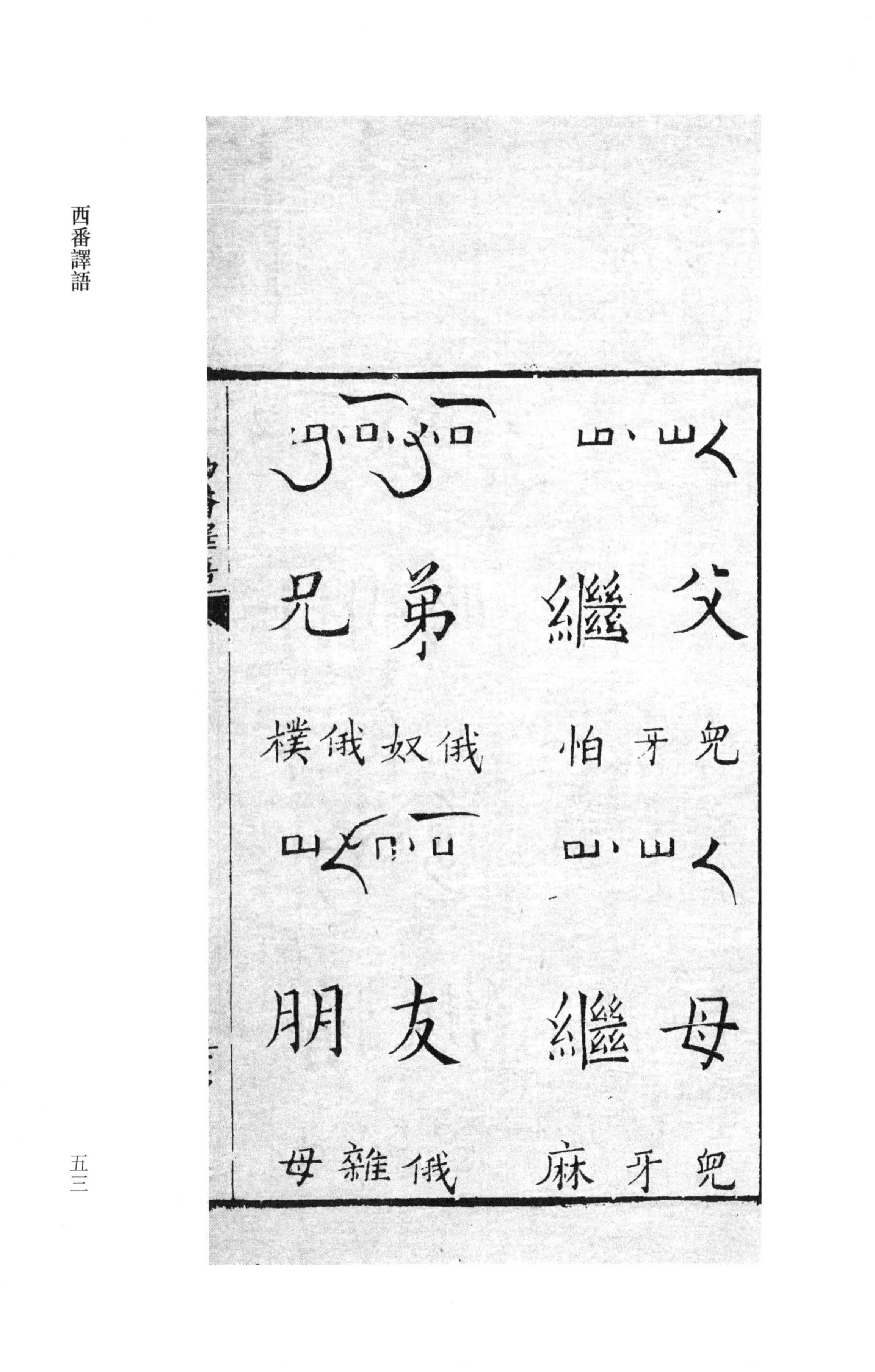

繼父

怕牙兒

繼母

麻牙兒

兄弟

僕俄奴俄

朋友

母雜俄

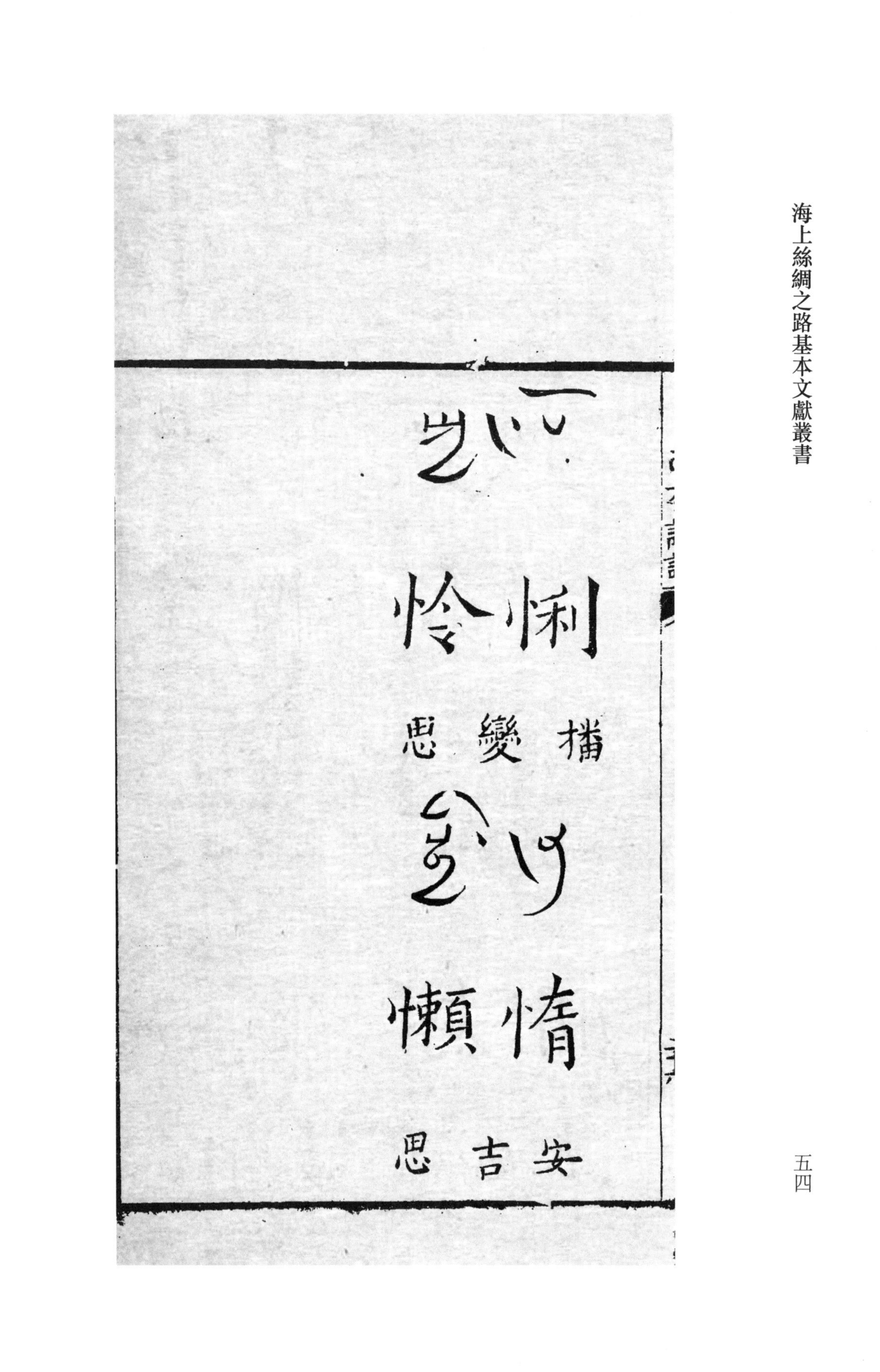

悧 惰

播 安

變 吉

怜 懶

思 思

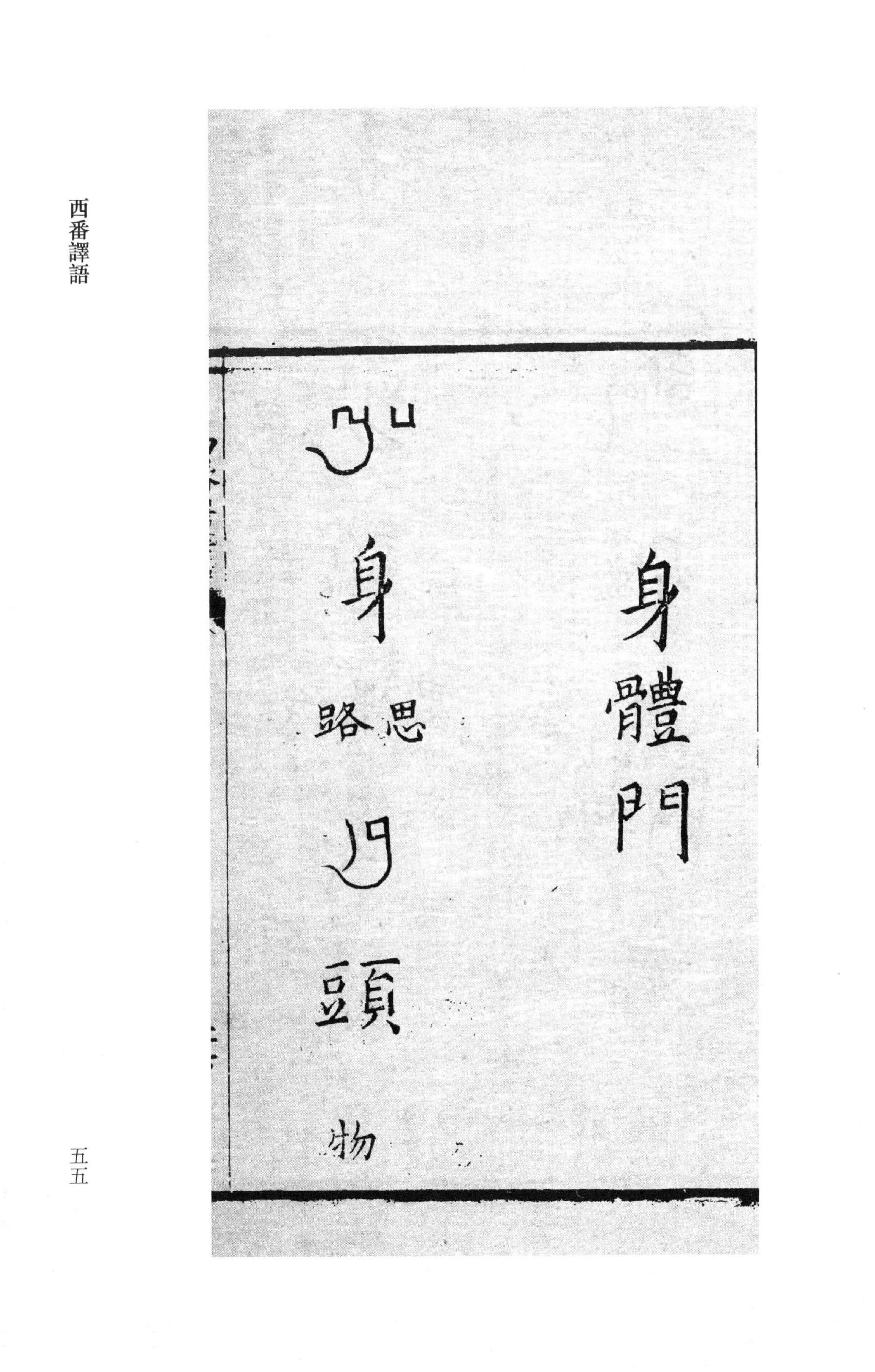

## 身體門

ལུས
身
路思

བུ
頭
物

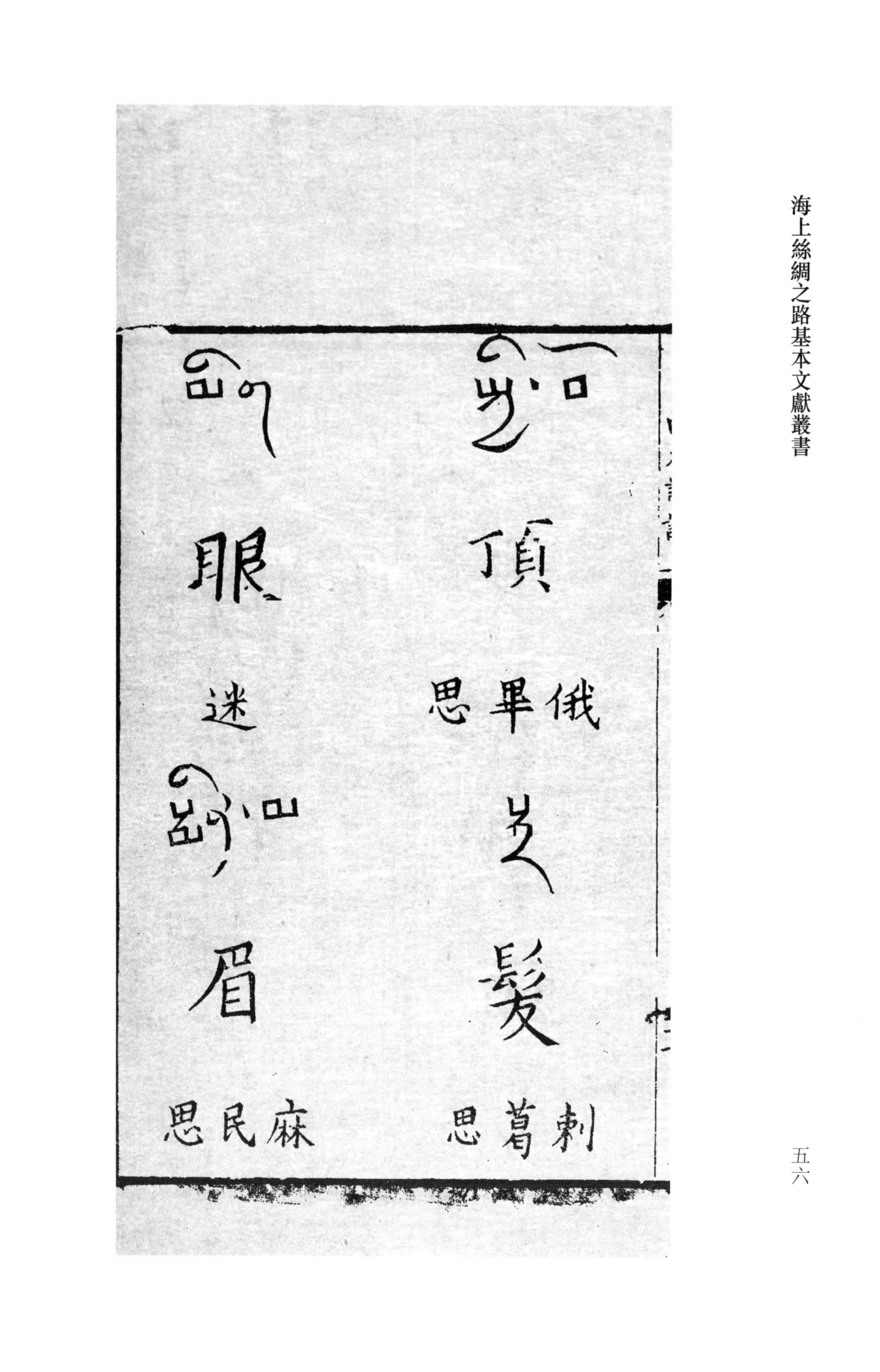

頂

俄畢思

髮

剌葛思

眼

迷

眉

麻民思

རྣ་བ 耳 兒納瓦

སྣ་བ 鼻 思納瓦

ཁ 口 渴

མཆུ 唇 木初

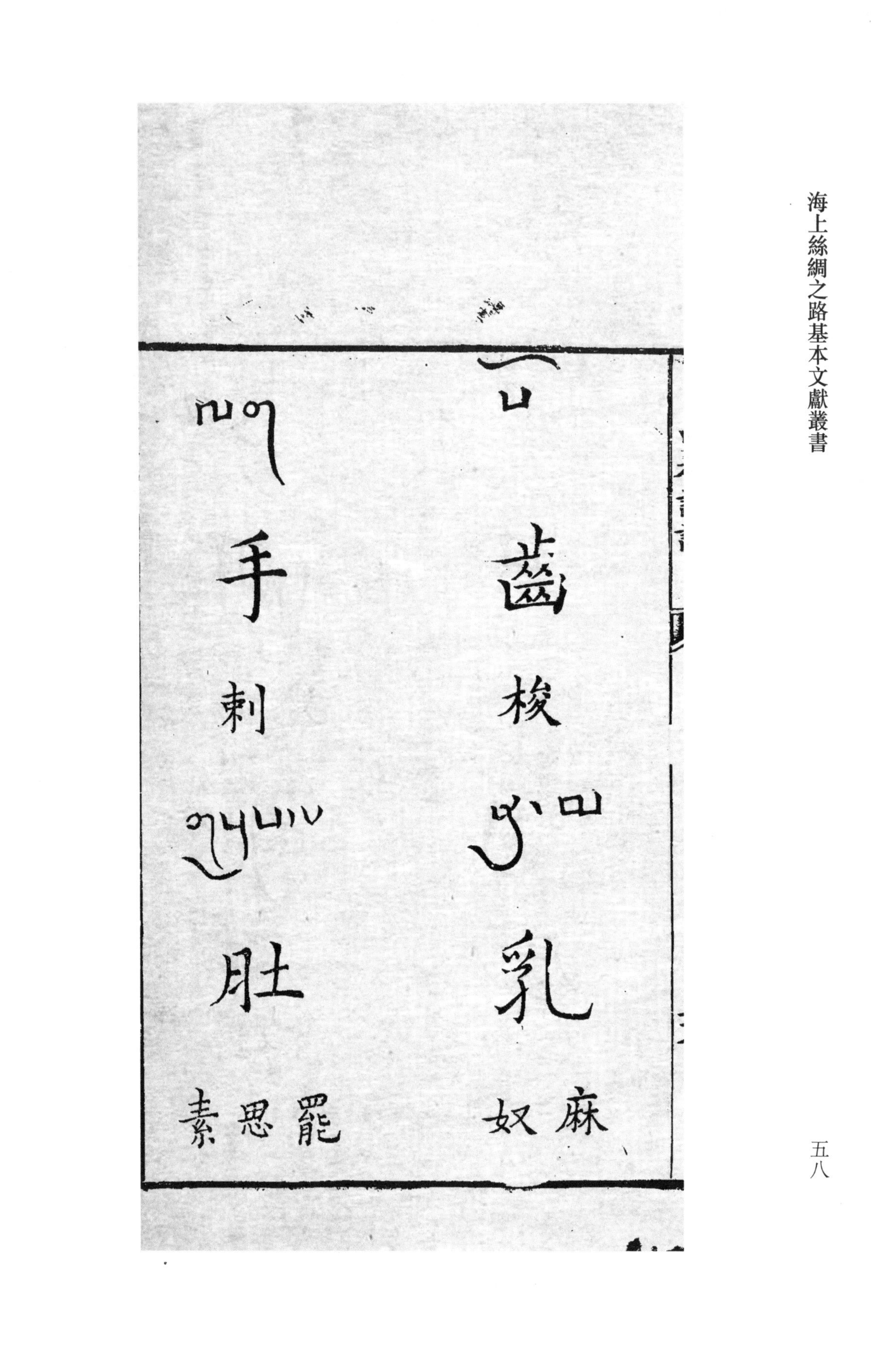

齒

梭

乳

麻奴

手

剌

肚

罷思素

སེམས
心
思線

རྐང
腳
罷打兒

དབུགས
氣
思克物

ཤུ
瘡
死熟

舌
析失

筋
罷恩菊兒

樣模
兒菊恩難兒

氣力
蒙舍

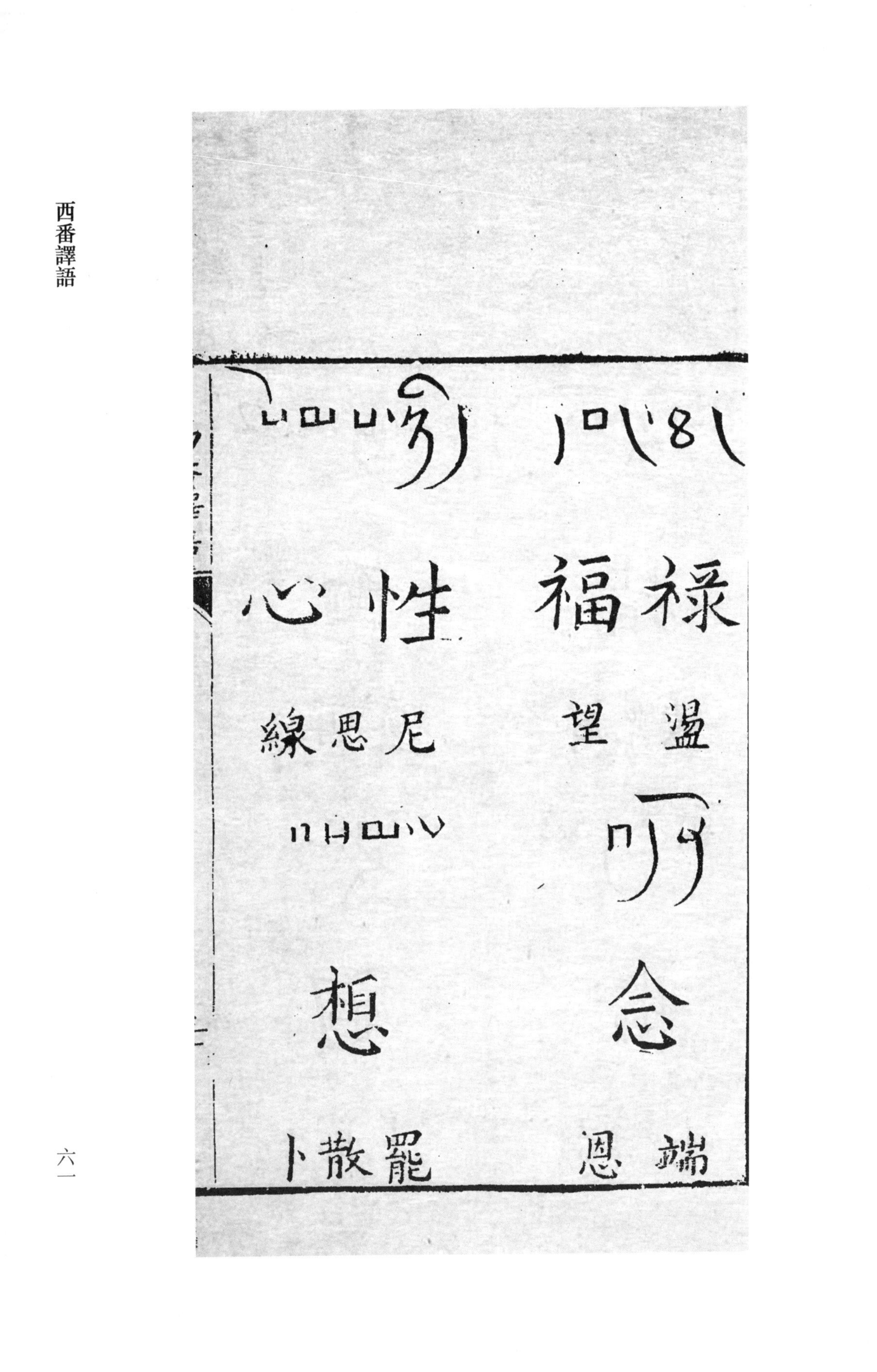

福祿

望溫

念

恩端

心性

線思尼

想

卜散罷

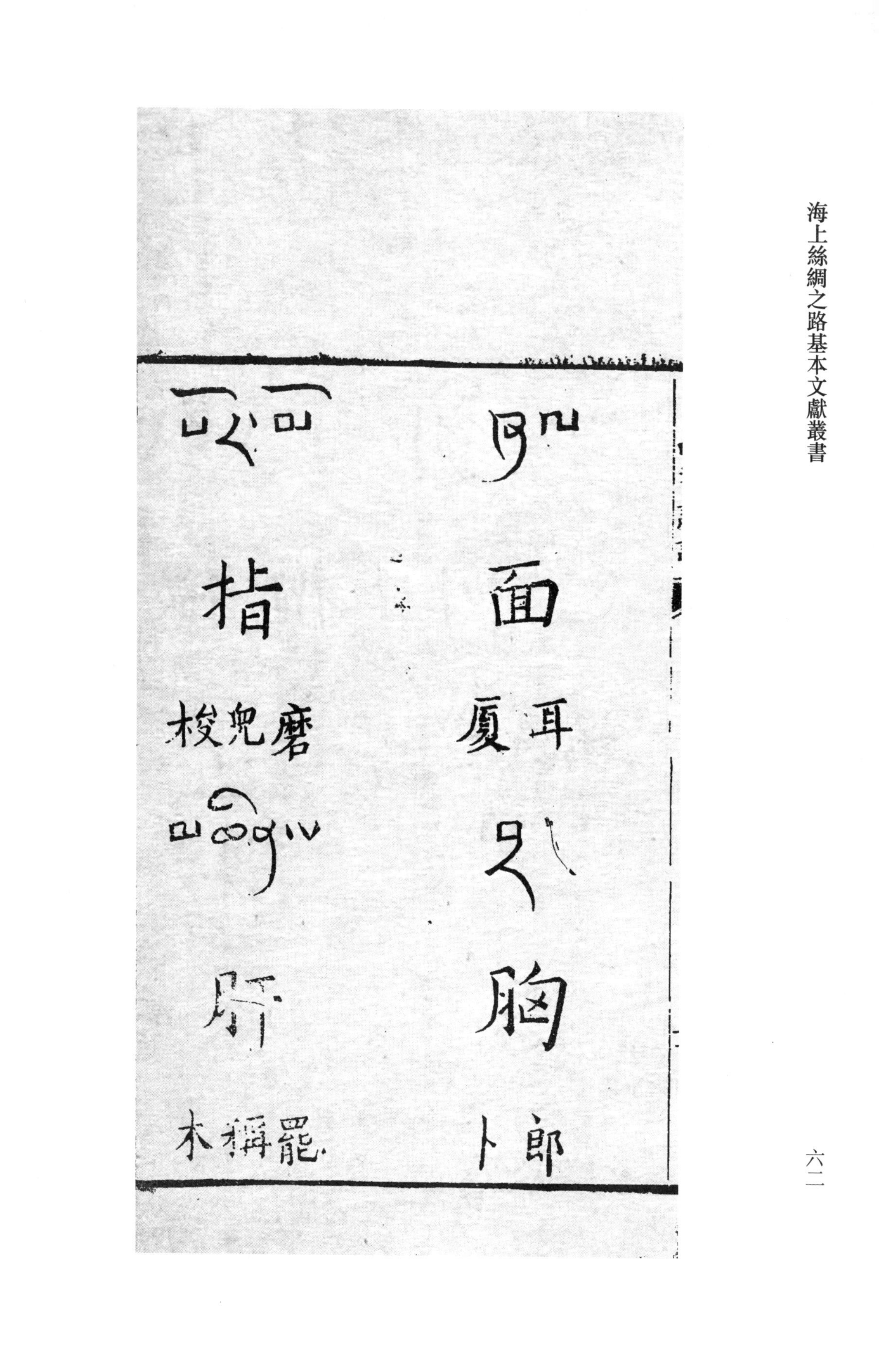

ཞལ
面
耳厦

བྲང
胸
郎卜

སོར་མོ
指
梭兜磨

མཆིན་པ
肝
木稱罷

གློ་བ
肺
洛瓦

རུས་པ
骨
路思罷

སྤུ
毛
思布

ཁྲག
血
克刺

強

望轍瓦

弱

年思沖瓦

## 宮室門

ཕོ་བྲང

宮殿

破卜郎

ཕོ་བྲང་མདུན

前殿

破卜郎母敦

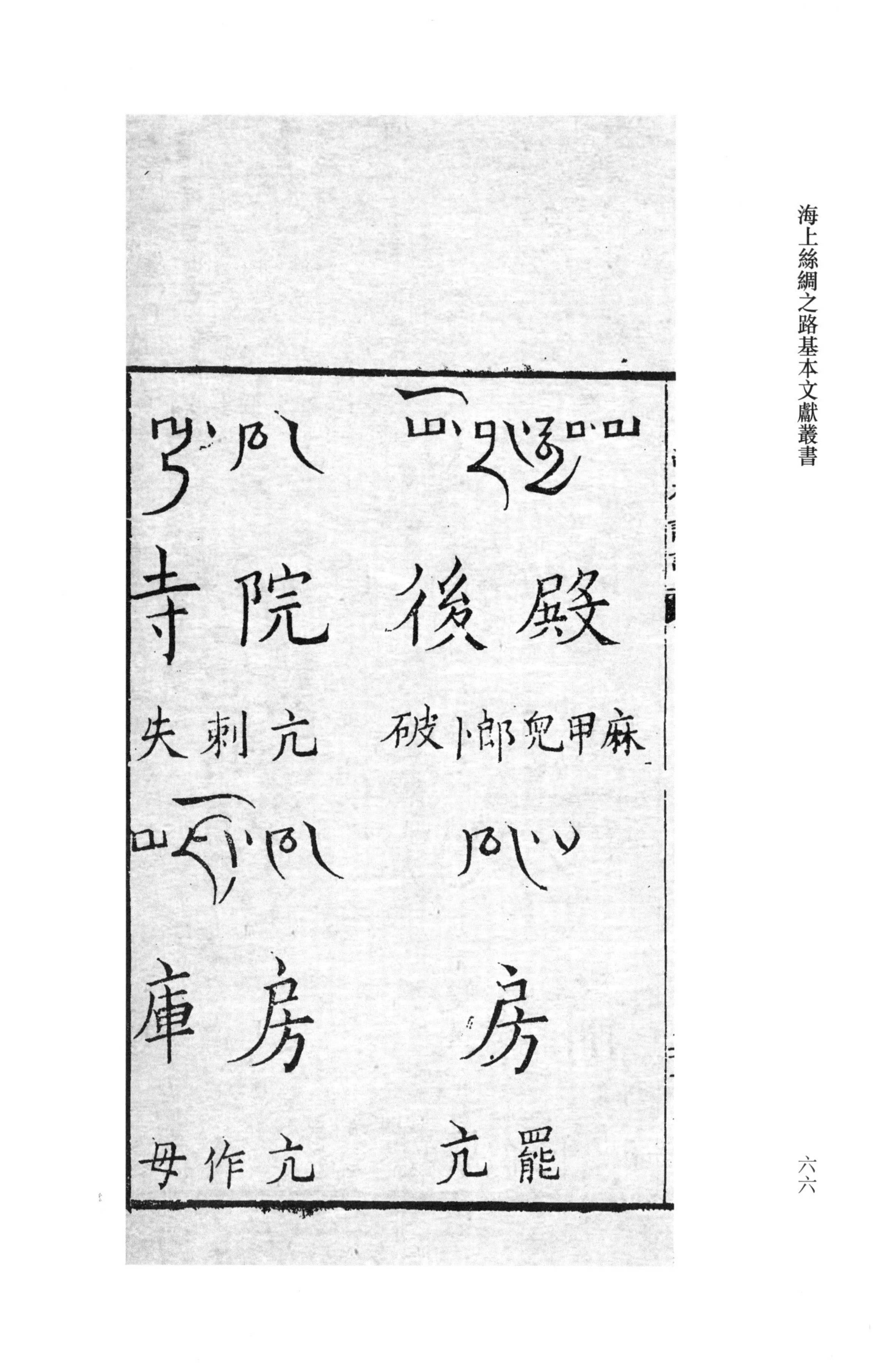

寺院 後殿

失剌亢 破卜郎兜甲麻

庫房 房

母作亢 亢罷

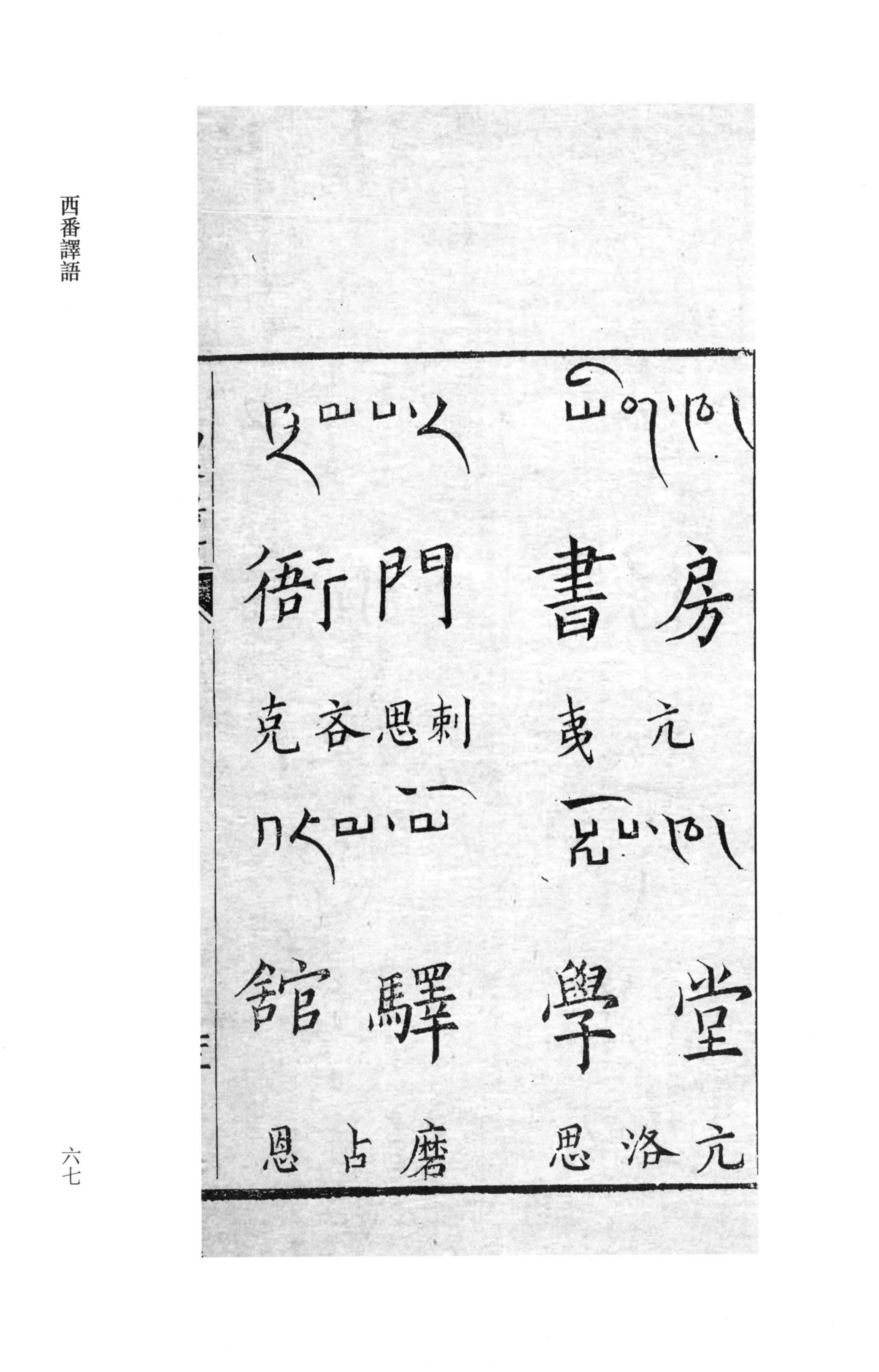

書房

夷亢

衙門

克吝思剌

學堂

思洛亢

館驛

恩占磨

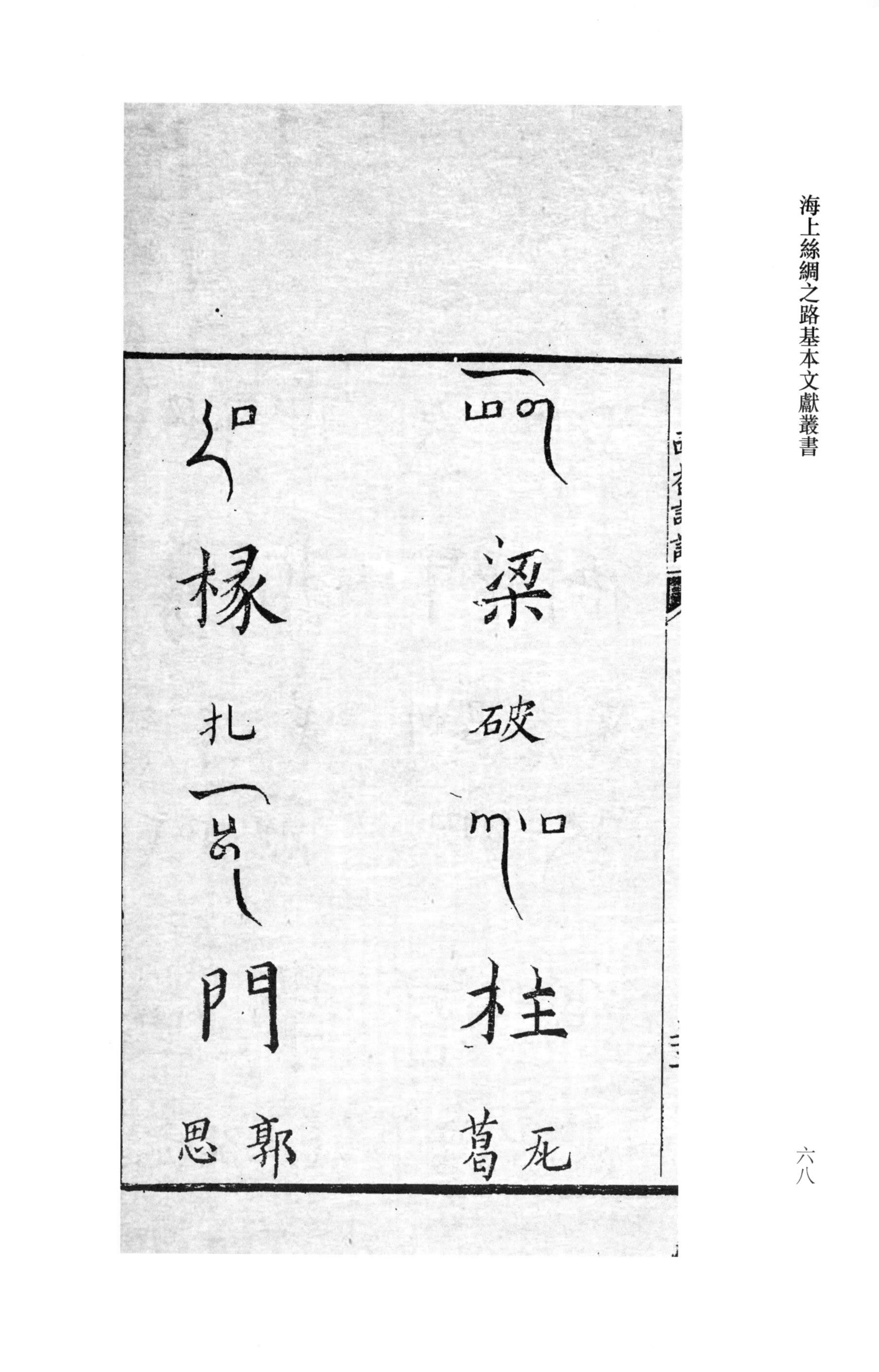

梁 破

柱 死葛

椽 扎

門 郭思

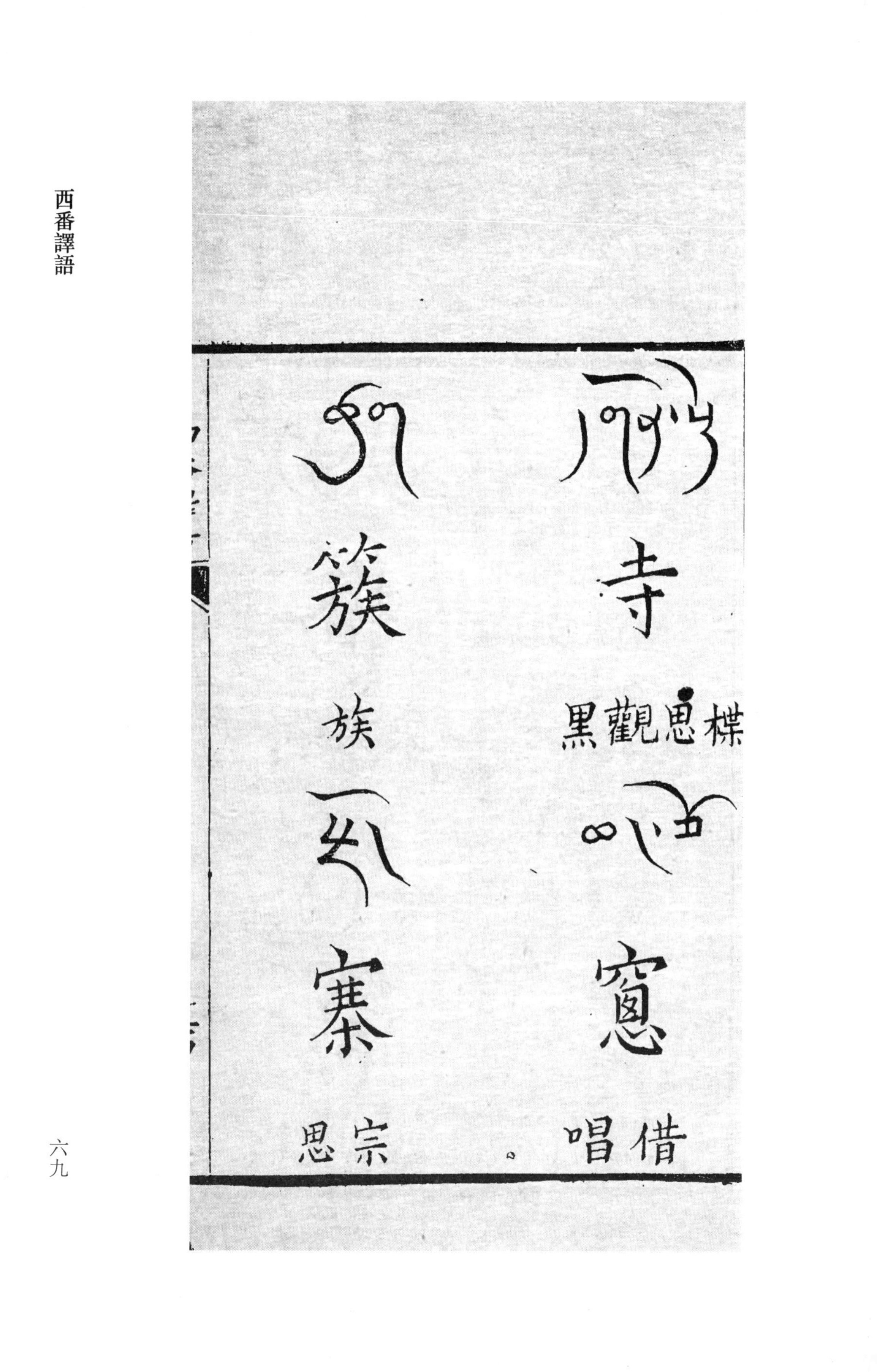

寺

檏思觀黑

窻

借唱

簇

族

寨

宗思

# [illegible]塔

殿失東

# 外營

兜葛思

器用門

ཐམ་ཀ

印

丹葛

ཤེལ་གྱི་ཐམ་ཀ

王印

舍耳吉丹葛

གསེར་གྱི་ཐམ་ཀ

金印

黑謝兒吉丹葛

ཁར་བའི་ཐམ་ཀ

銅印

渴兒瓦夷丹葛

དངུལ་གྱི་ཐམ་ཀ

銀印

物耳吉丹葛

ཕོར་པ

碗

破兒罷

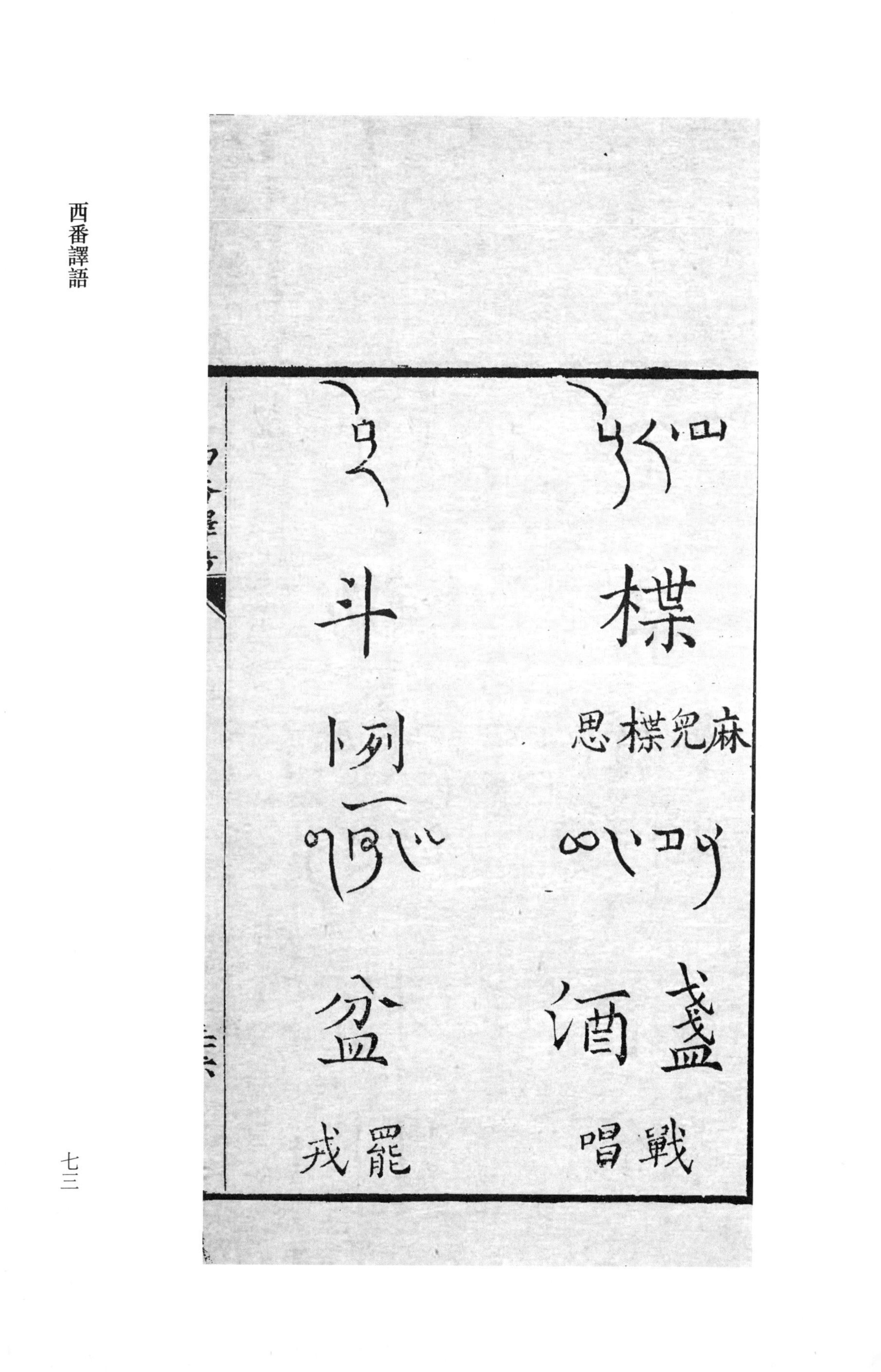

楪

麻兒楪思

盞酒

戰唱

斗

卜列

盆

罷戎

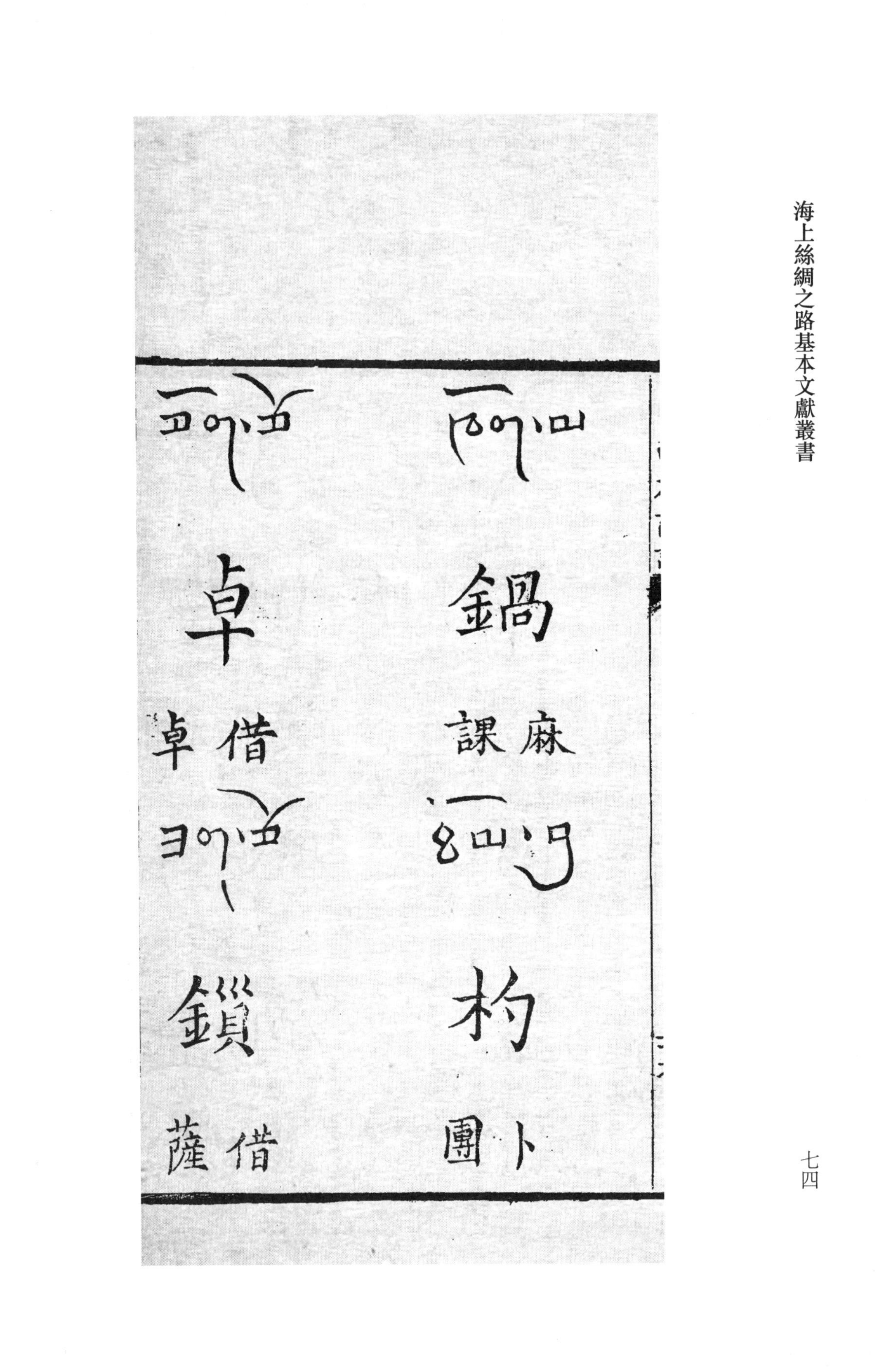

鍋

麻課

杓

卜團

卓

借卓

鑽

借薩

ལྡེ་མིག
鑰匙
思楪迷

རྩི
漆
卜謝

དོ་ལི
車轎
奪列

ཤིང་རྟ
車
盛兒沓

གྲི
刀
華梨

རལ་གྲི
劍
刺耳華梨

མདུང
鎗
母東

ཕུབ
牌
樸

གཞུ
弓
熱

མདའ
箭
母達

དར
旗
達兒

གྲི་ཤུབས
刀鞘
革梨數卜思

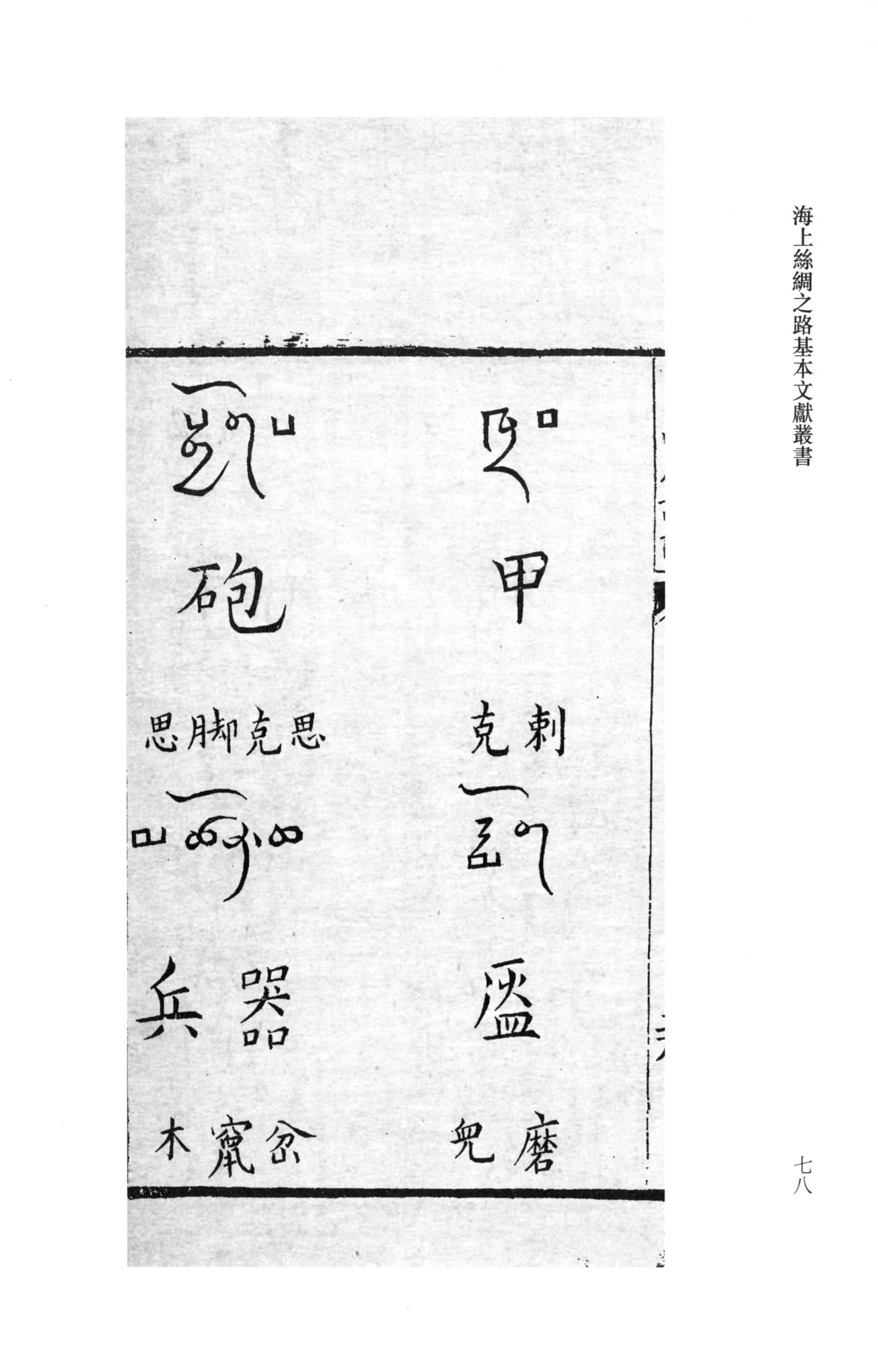

甲
剌克

盔
磨兒

砲
思克脚思

兵器
谷窠木

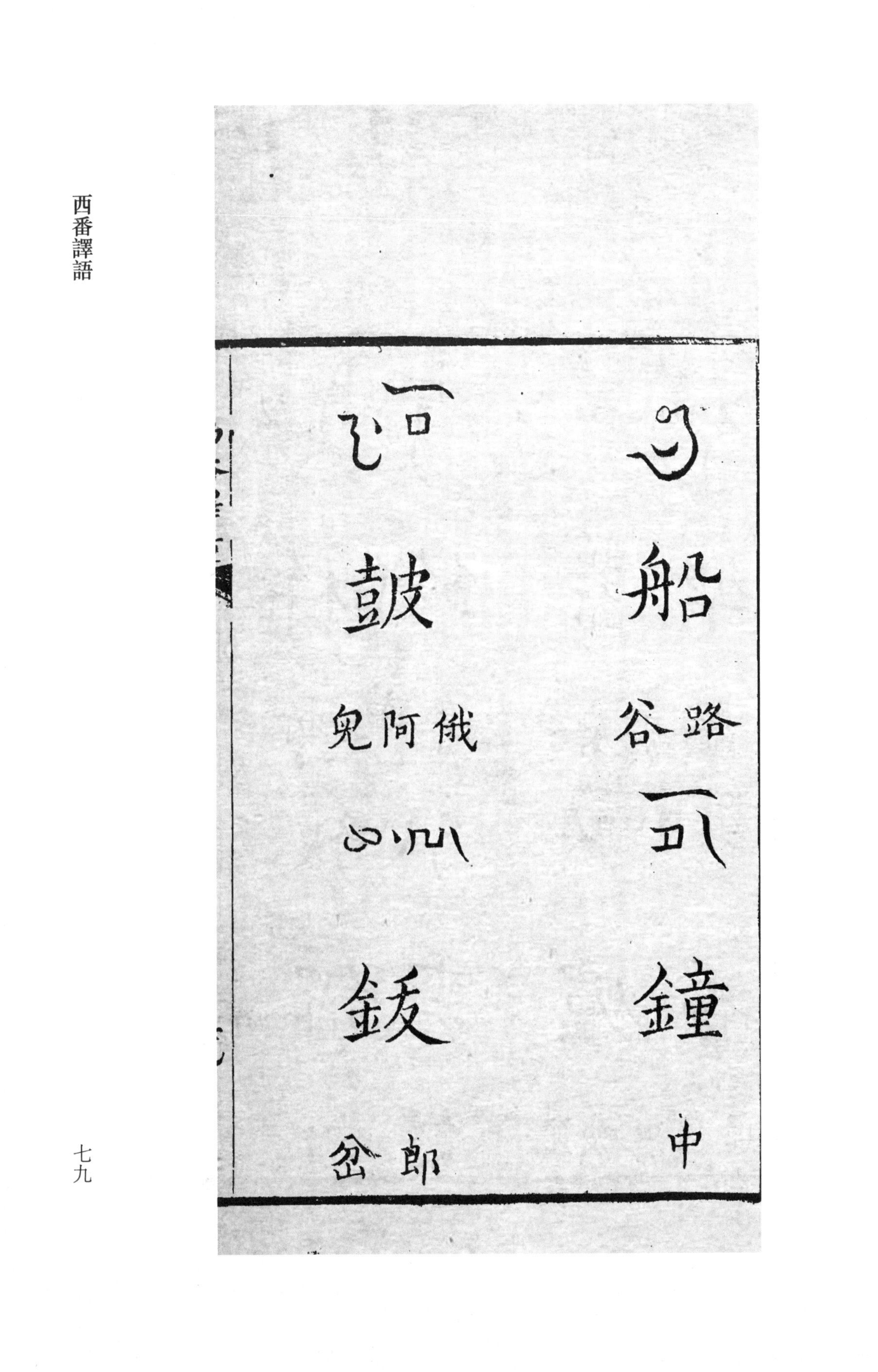

船
谷路

鐘
中

鼓
兒阿俄

鈸
岔郎

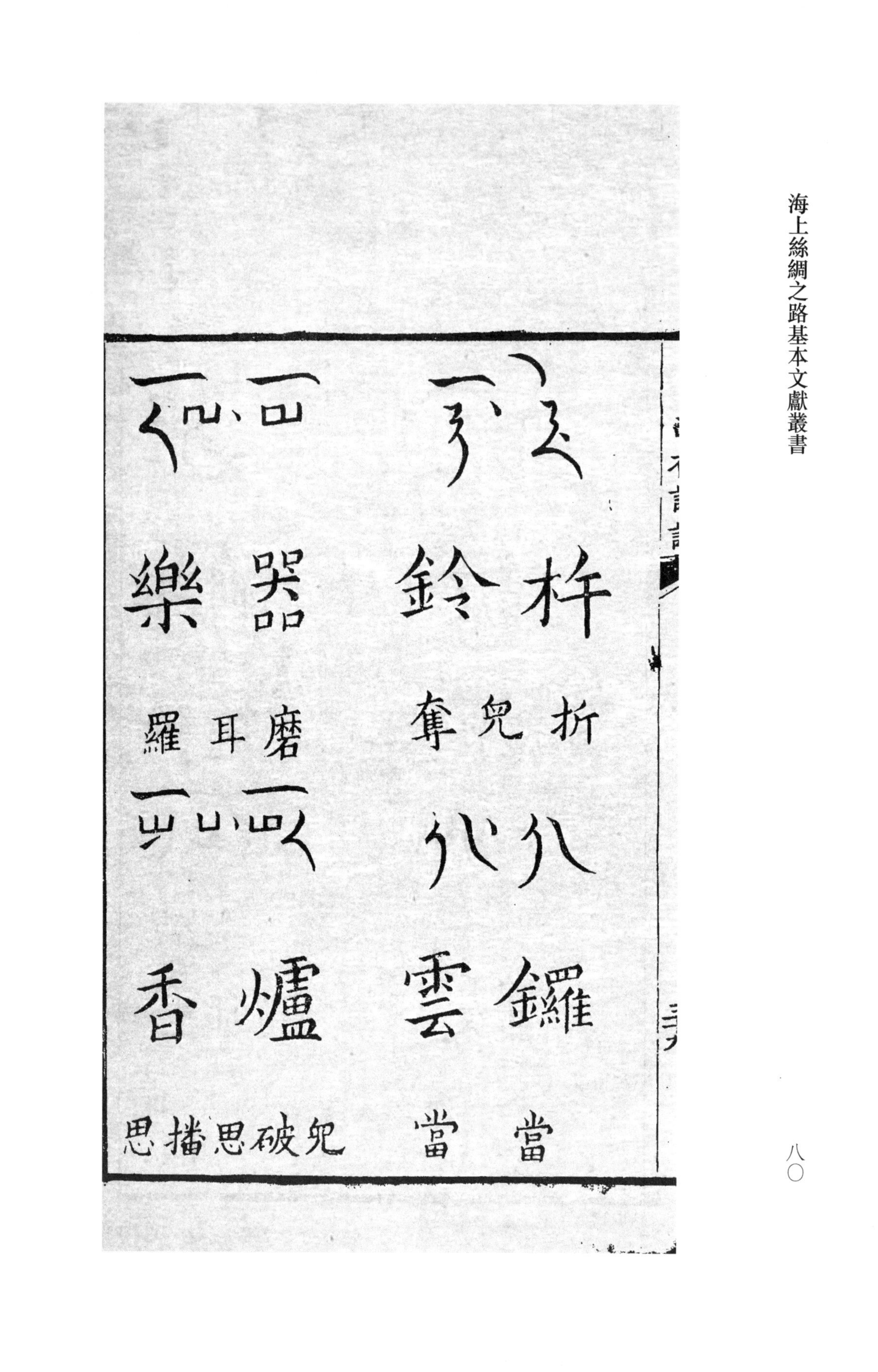

杵　折

鈴　兒奪

器　磨耳

樂　羅

鑼　當

雲　當

爐　兒破

香　思播思

ཕན

旛

恩判

ཏིང་

磬

卜兜定

མེ་ཏོག་བུམ་པ

花瓶

㖼奪吉本罷

ཁར་

鑼

渴兜阿

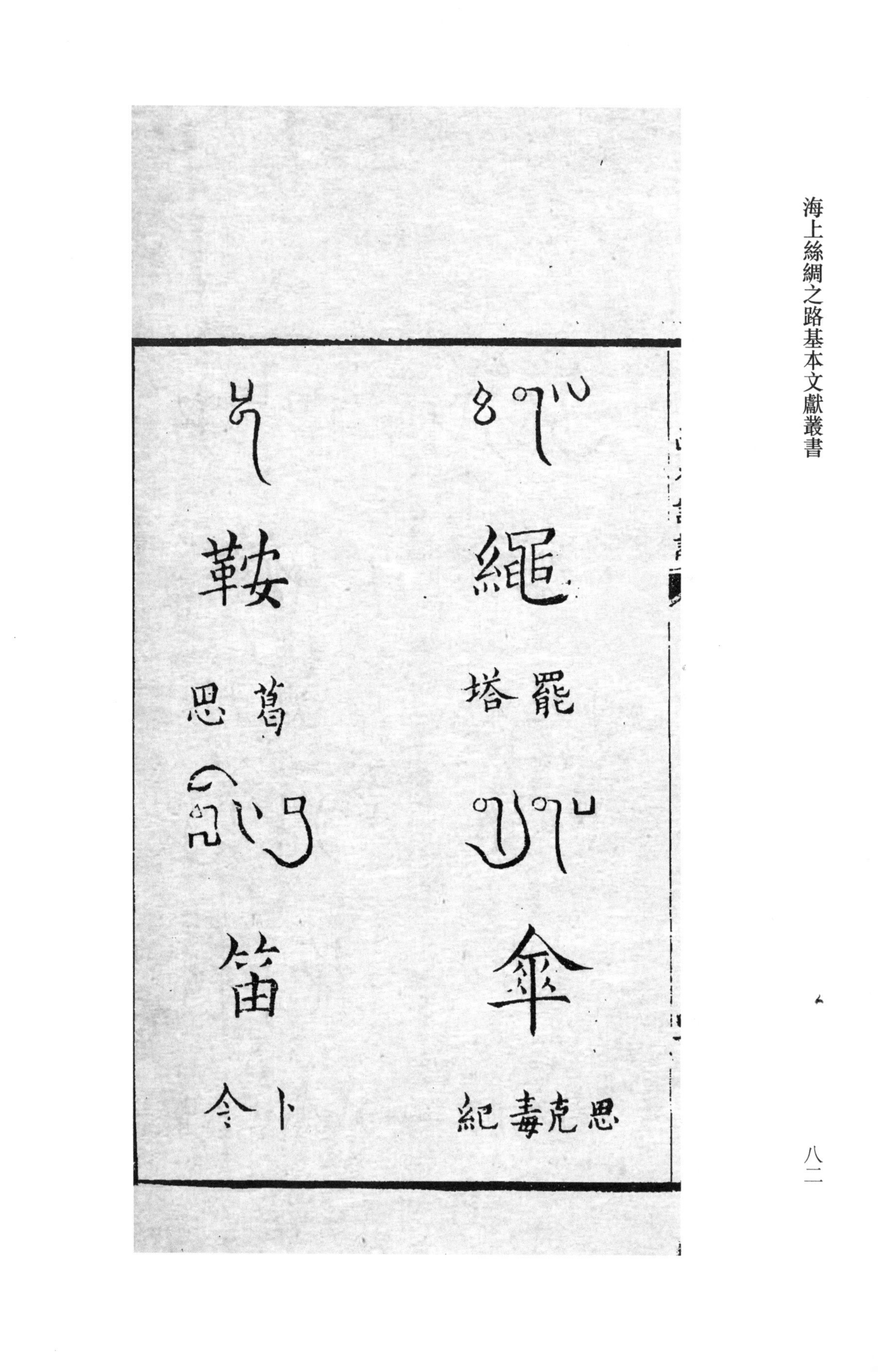

繩
罷塔

傘
思克毒紀

鞍
葛思

笛
卜令

རྔ་ཆེན

大鼓

兕阿俄轍

ཏིང་ཤག

響鈸

定廈

རྔ་ཆུང

小鼓

兕阿俄冲

ཆ་ཆ

拍板

岔岔

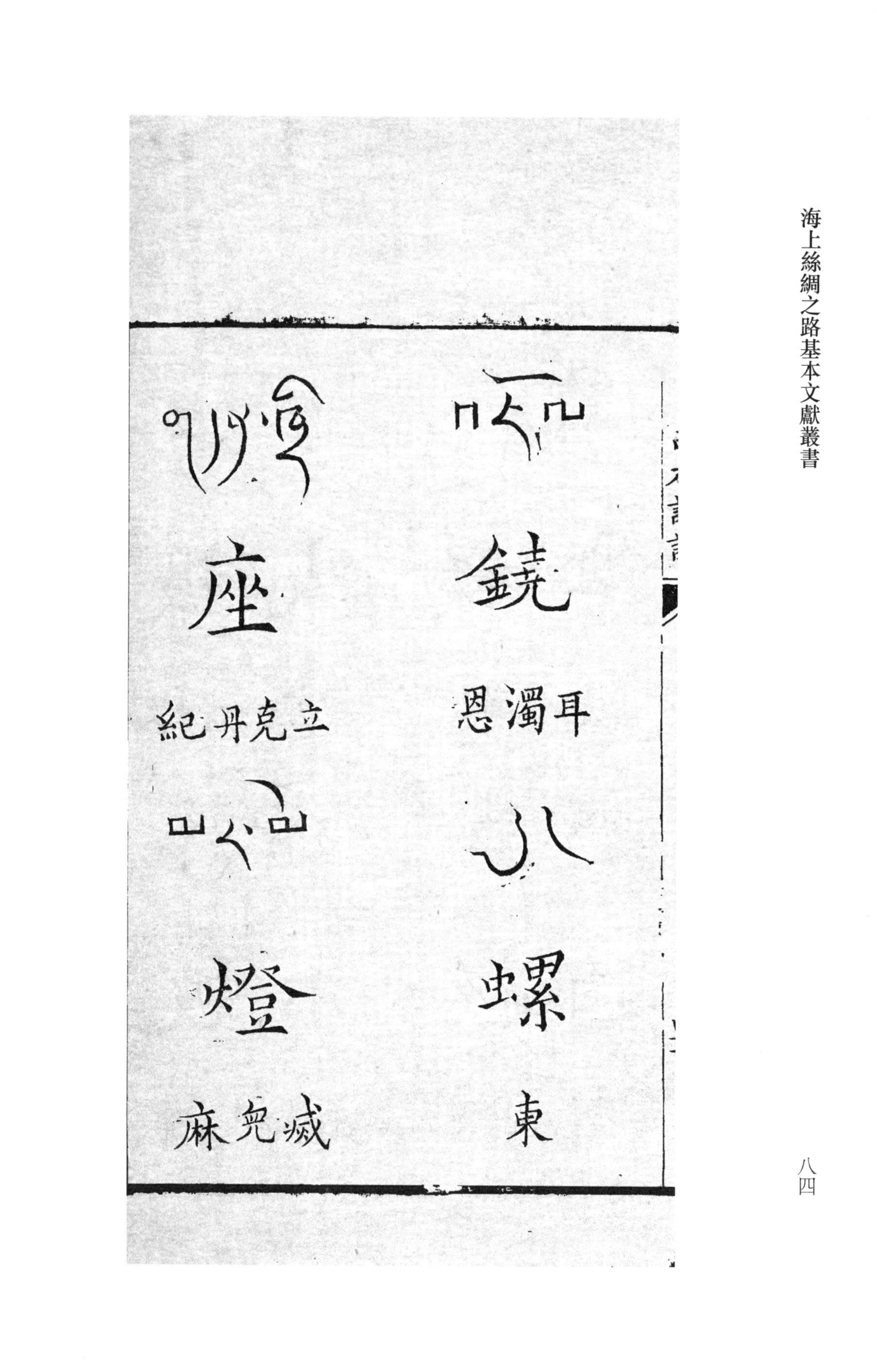

鐃

耳濁恩

螺

東

座

立克丹紀

燈

臧兜麻

འཁོར་ལོ

輪

羅究課思

སྐས

梯

思葛思

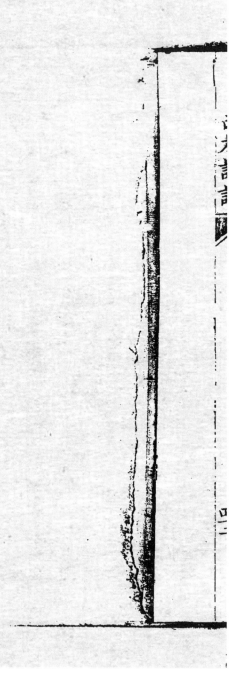

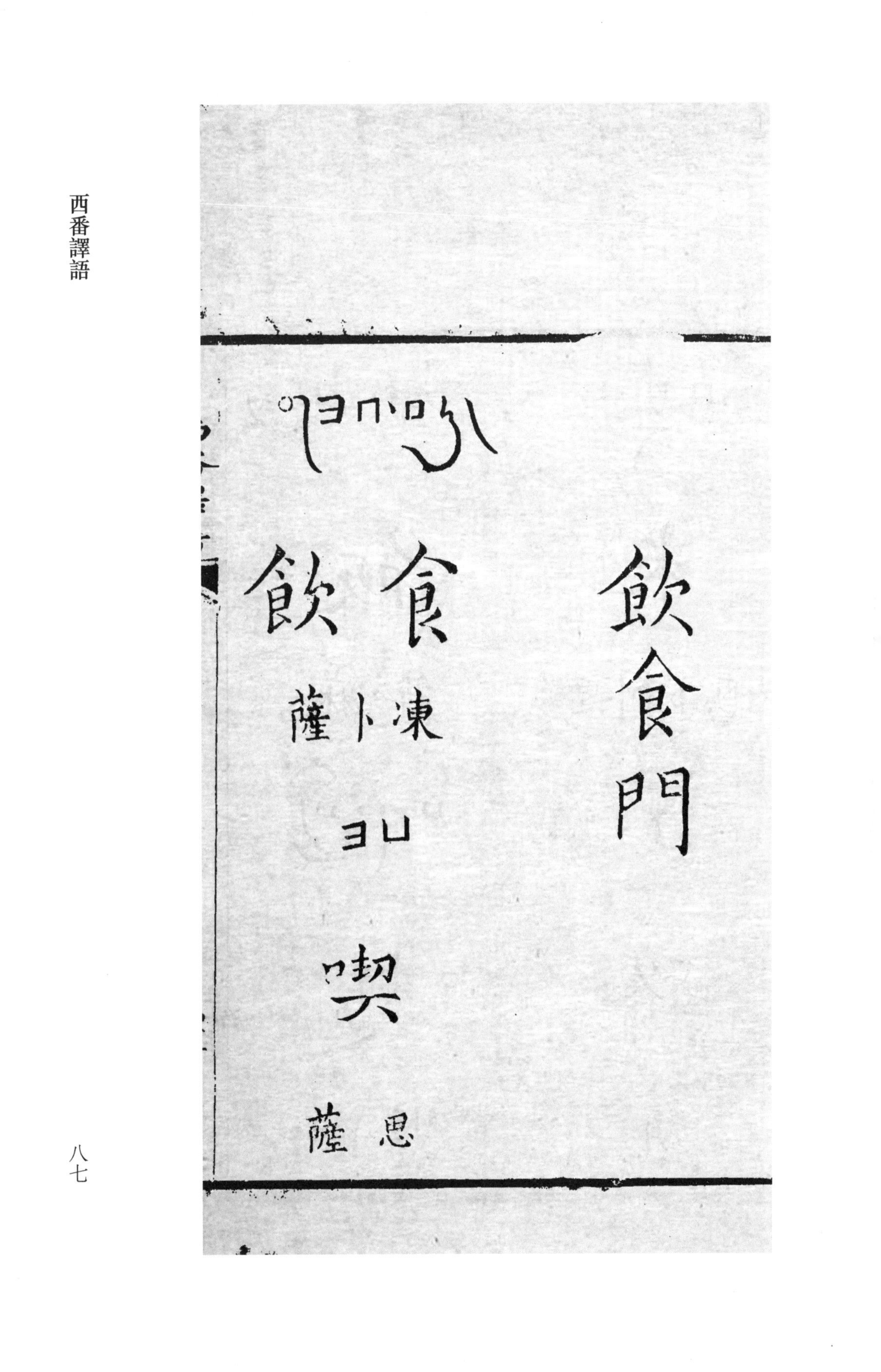

# 飲食門

飲食

凍卜薩

喫

思薩

ཟས
飯
麻薩

ཕྱེ
麪
細接

འབྲས
米
思剌卜恩

ཞོ
酪
朔

酒 唱 茶 扎

油 兒 茶 扎

酥 麻 巴 撥

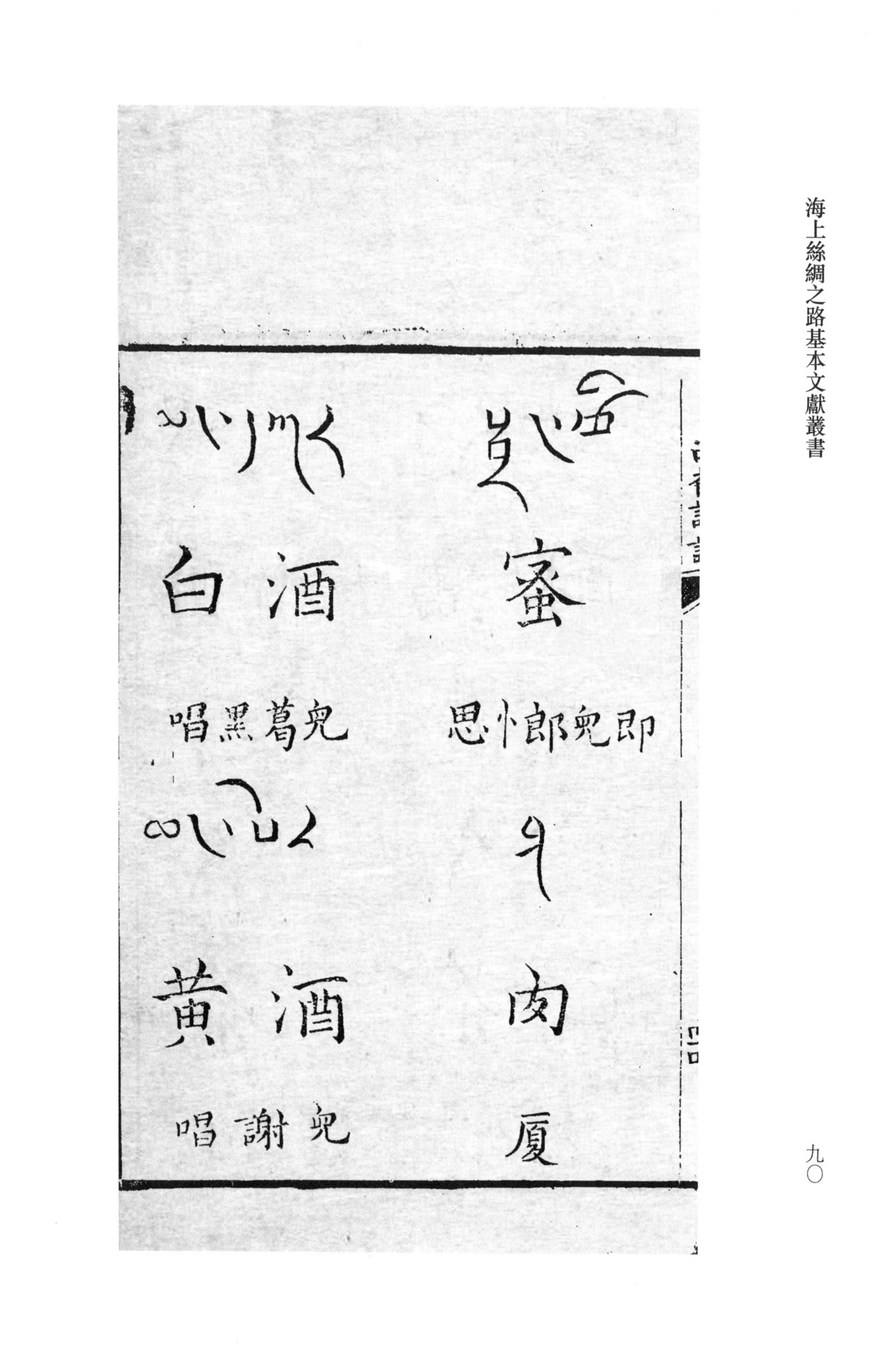

蜜

即兒郎忄思

肉

厦

白酒

兒葛黑唱

黃酒

兒謝唱

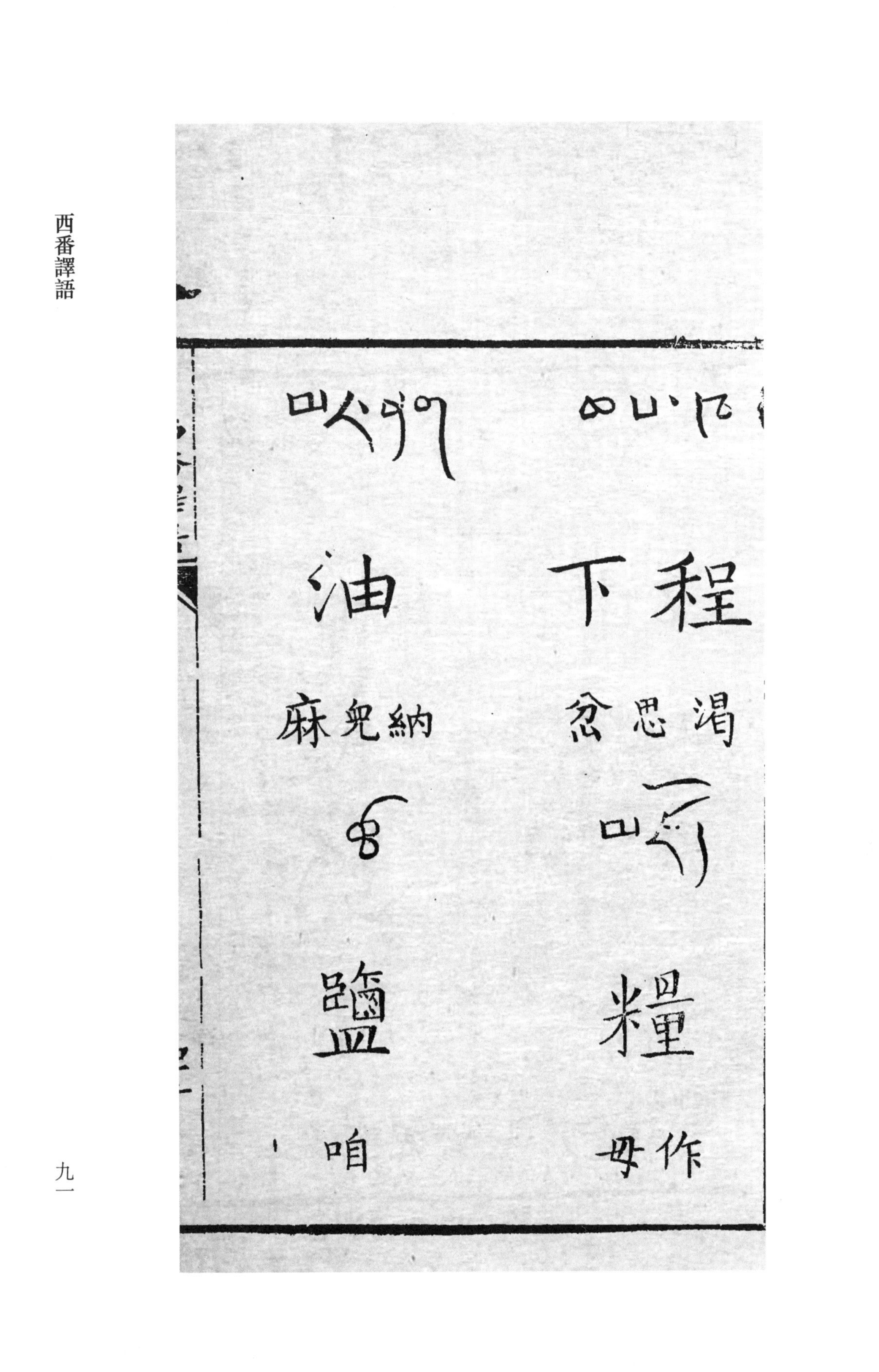

程下
渴思岔

油
納兒麻

糧
作母

鹽
咱

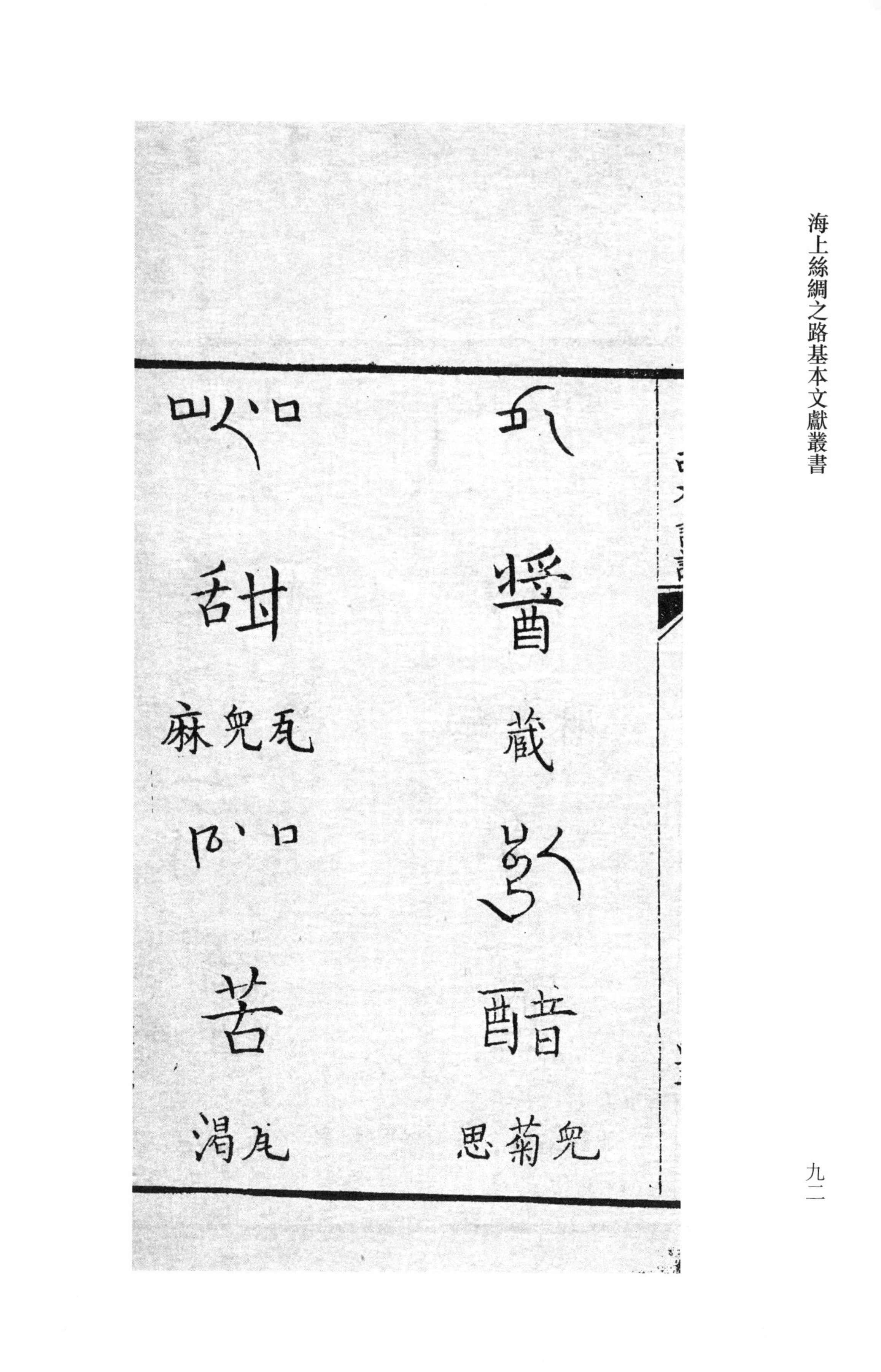

醬 藏

醋 兒菊思

甜 瓦兒麻

苦 尾渴

衣服門

ན་བཟའ
衣
拿薩

ཞྭ
帽
刷

ཞྭ་མོ
帽冠
刷物

ལྷམ
鞾
濫失

領圓
麻兒郭思卜供

襪
播恩

袈裟

思難思別兒

褥

思播耳

被

兎耳

段

郭思

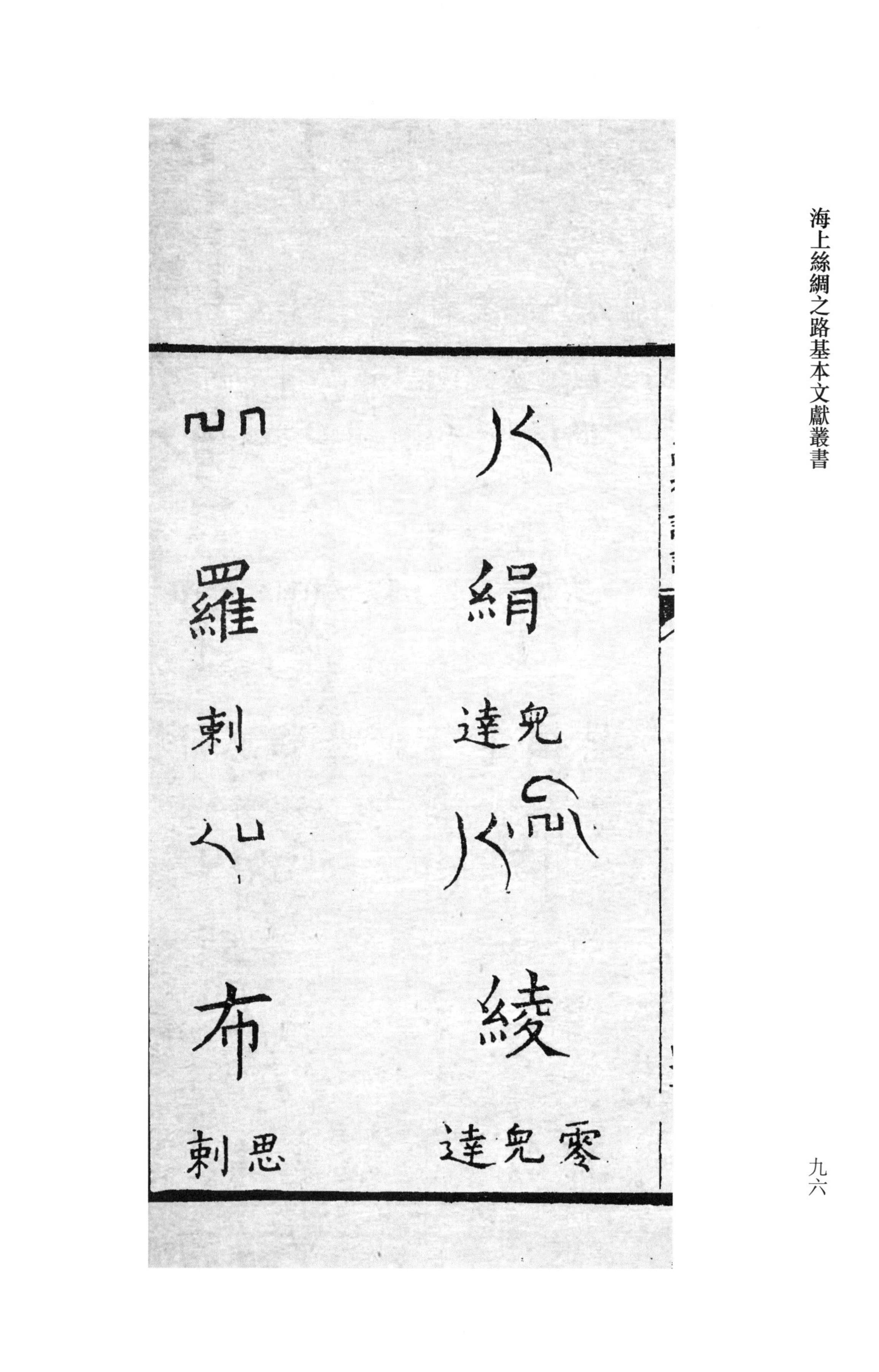

絹
兜達

綾
零兜達

羅
剌

布
思剌

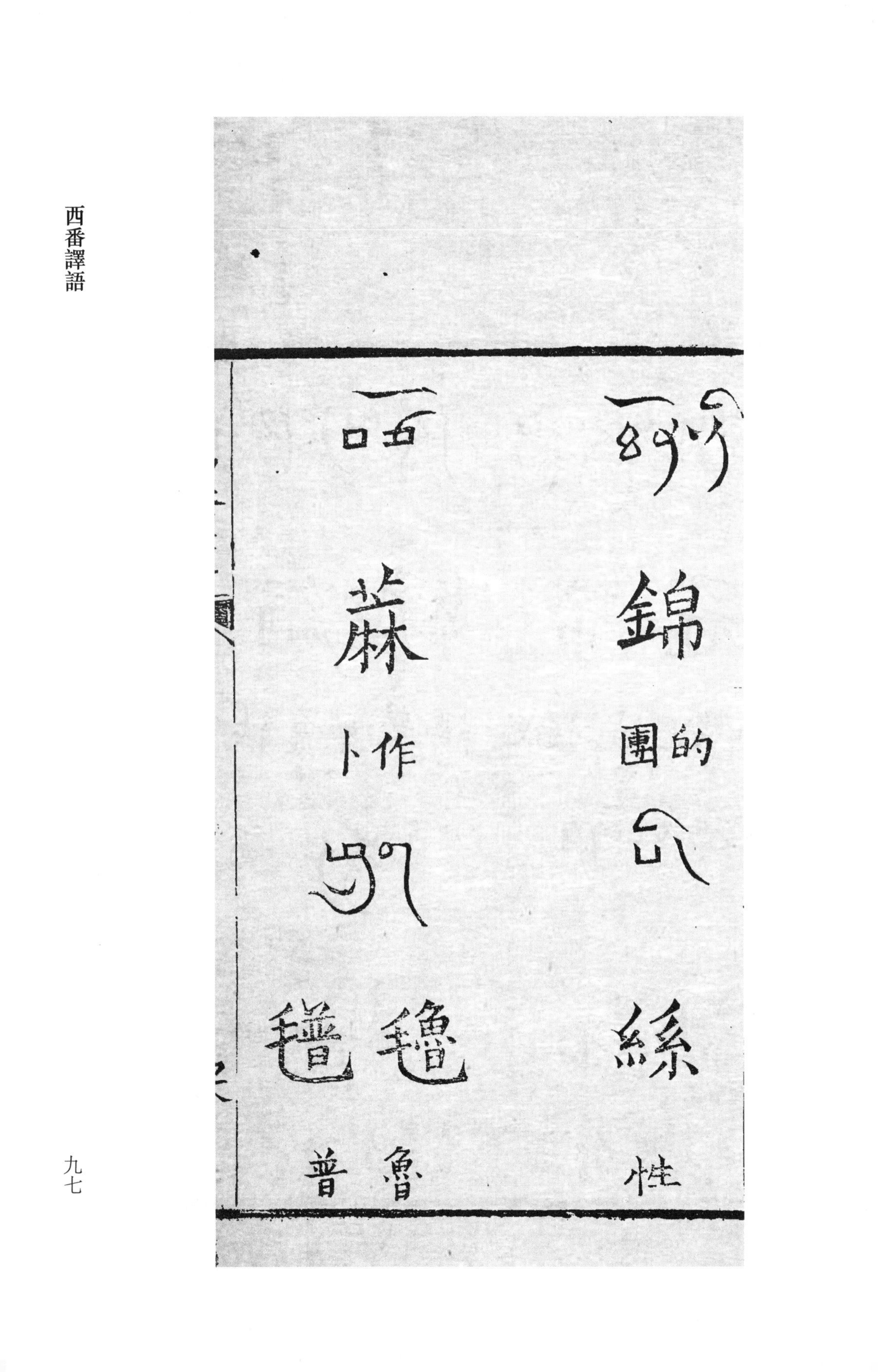

錦

的團

絲

性

蘇

作卜

氌氆

魯普

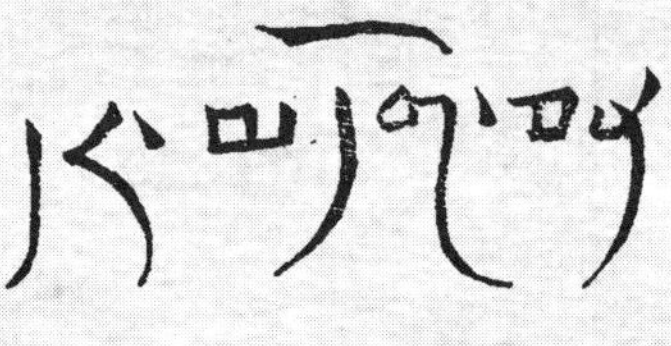

緞絹

達兒毋奪戰

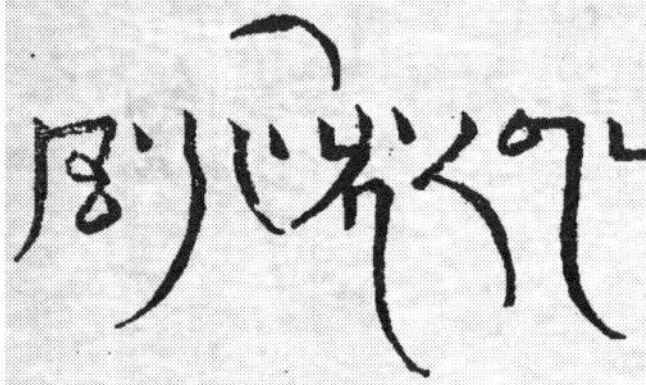

冠帶

剮當思結剌克思

線

思谷

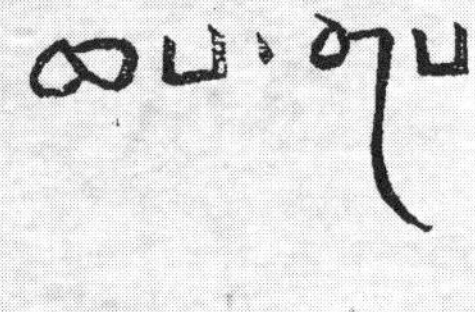

法衣

輟思郭思

རིང
長
零

གོང
領
供

ཐུང
短
痛

གོང
領
供

聲色門

དཀར་པོ

白

黑葛兒播

སྔོན་པོ

青

思萬播

黃

謝兒播

紅

黑罵兒播

紫

思木播

鵞黃

吾兒渴

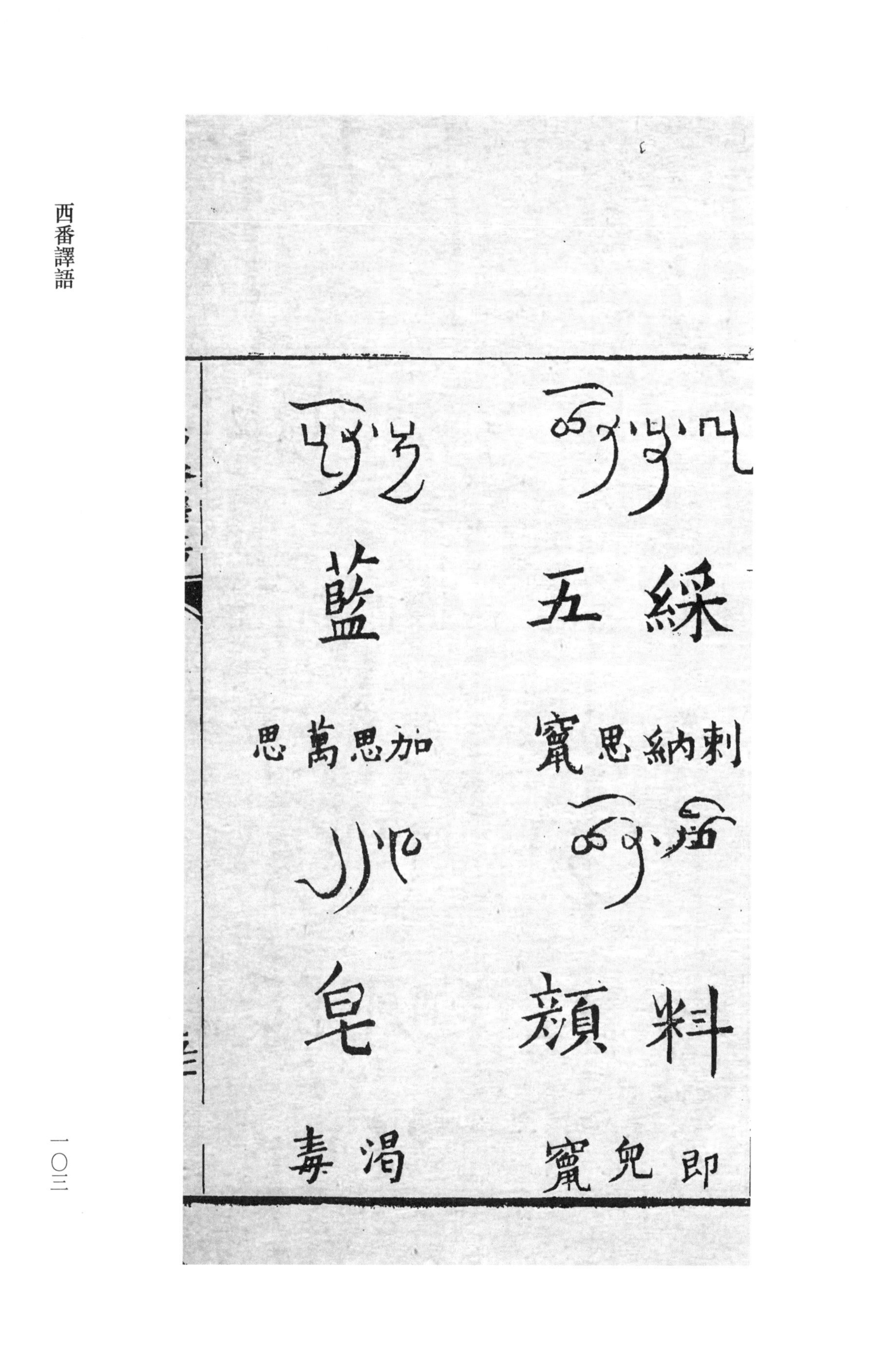

[illegible]

五綠

竄思納剌

[illegible]

藍

思萬思加

[illegible]

顏料

竄兒即

[illegible]

皂

毒渴

青柳
萬思犬失

紅桃
滑洛

綠明
犬失耳薩黑

紅粉
加思洛

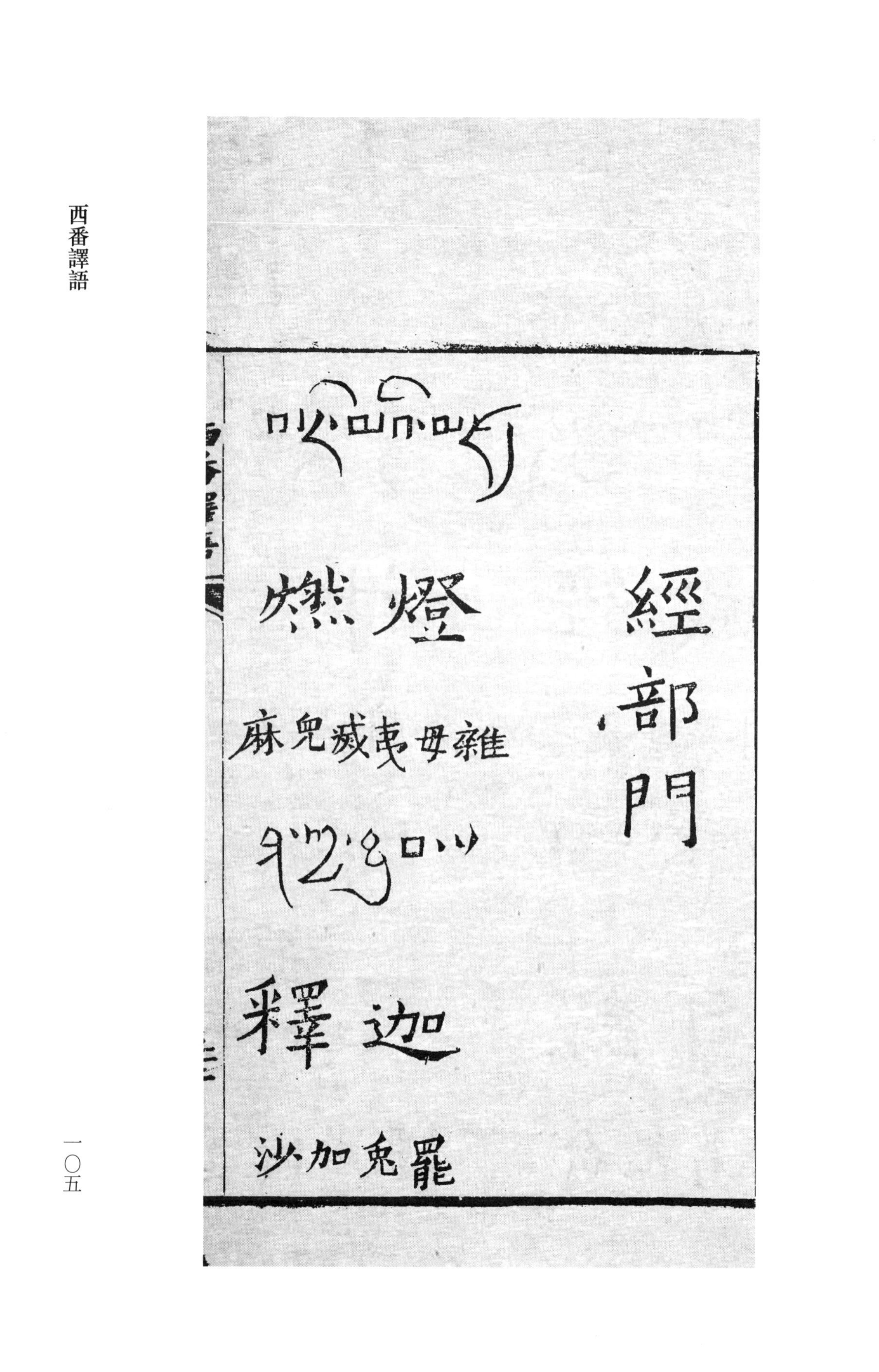

## 經部門

མར་མེ་མཛད།

燃燈

麻兒滅母雜

ཤཱཀྱ་པ།

釋迦

沙加兎罷

神

失剌恩折

鬼

恩折

藏經

卜葛恩菊兒

目錄

葛兒岔

བམ་པོ
卷
班播

ལེའུ
品
列吾

སྐུ་འདྲ
佛像
失剌思谷

སྐུ་བྲིས
畫像
卜梨思思谷

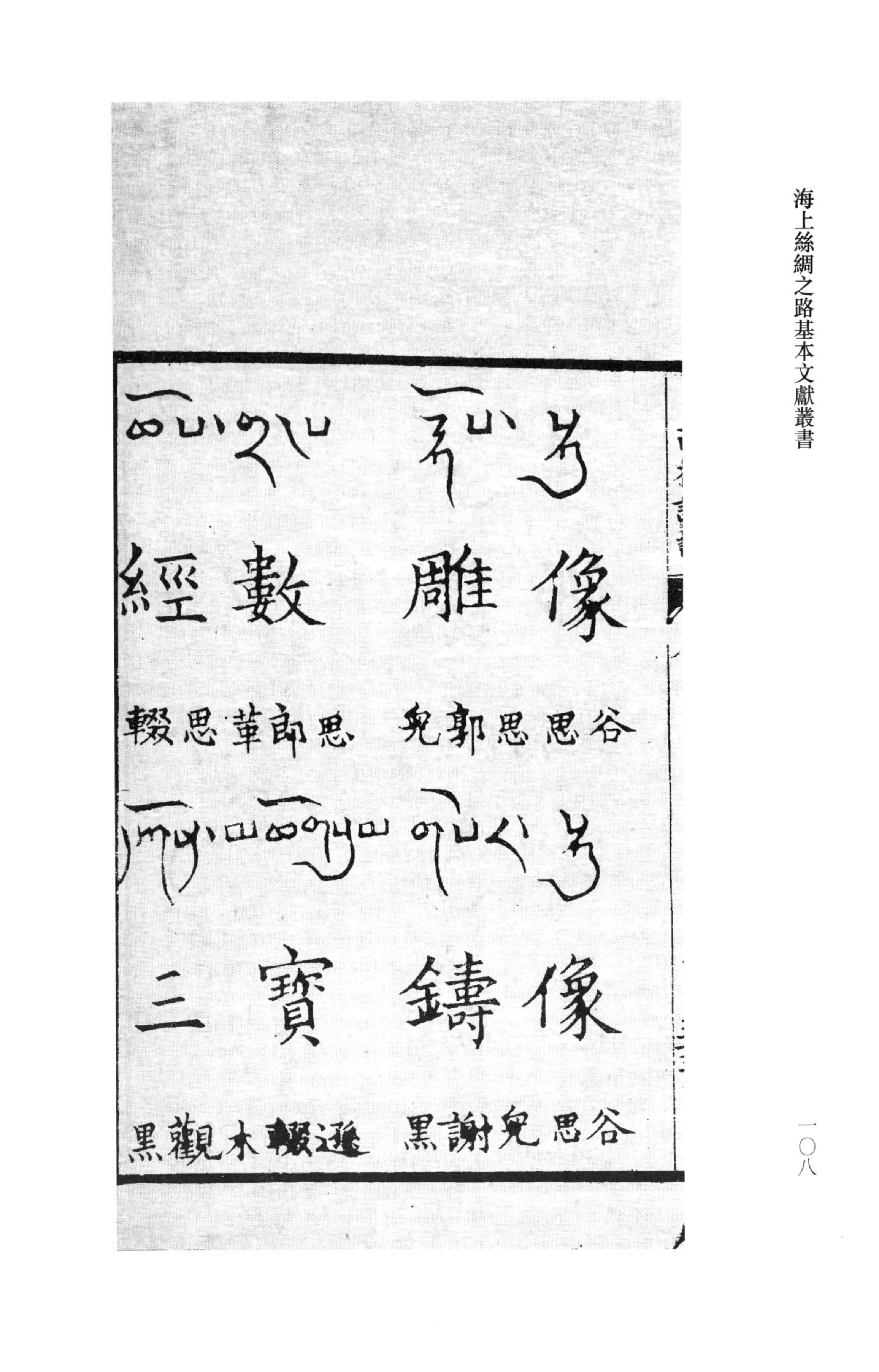

經數 雕像

輟思革郎思 兒郭思思谷

三寶 鑄像

黑觀見木輟遜 黑謝兒思谷

དགྲ་བཅོམ་པ
羅漢
内思本兇旦

ཉན་ཐོས
聲聞
年托思

དམ་ཆོས
妙法
丹輟思

བསྟོད་པ
讚美
卜思奪罷

# 引晴龍口法

思轍

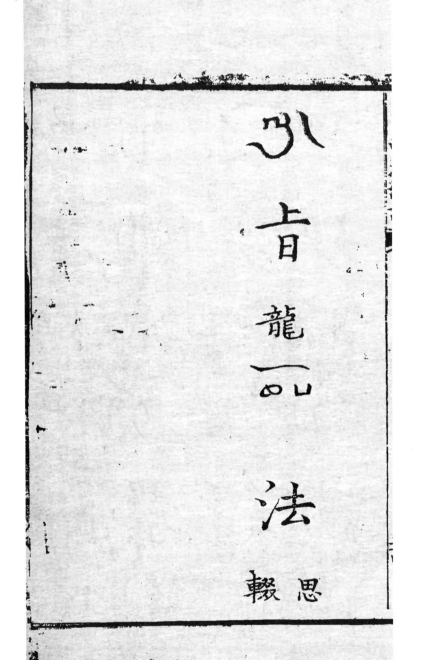

文史門

書 別岔

經 奪母

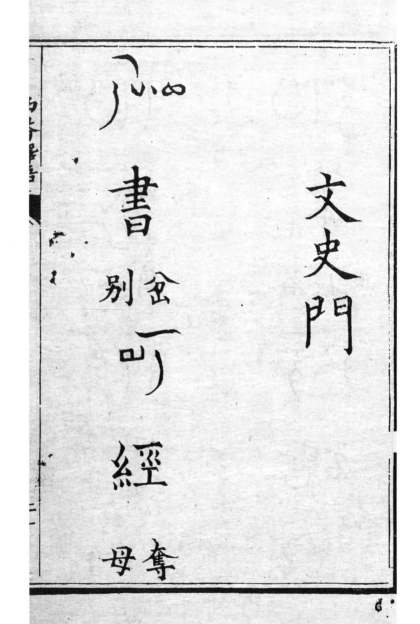

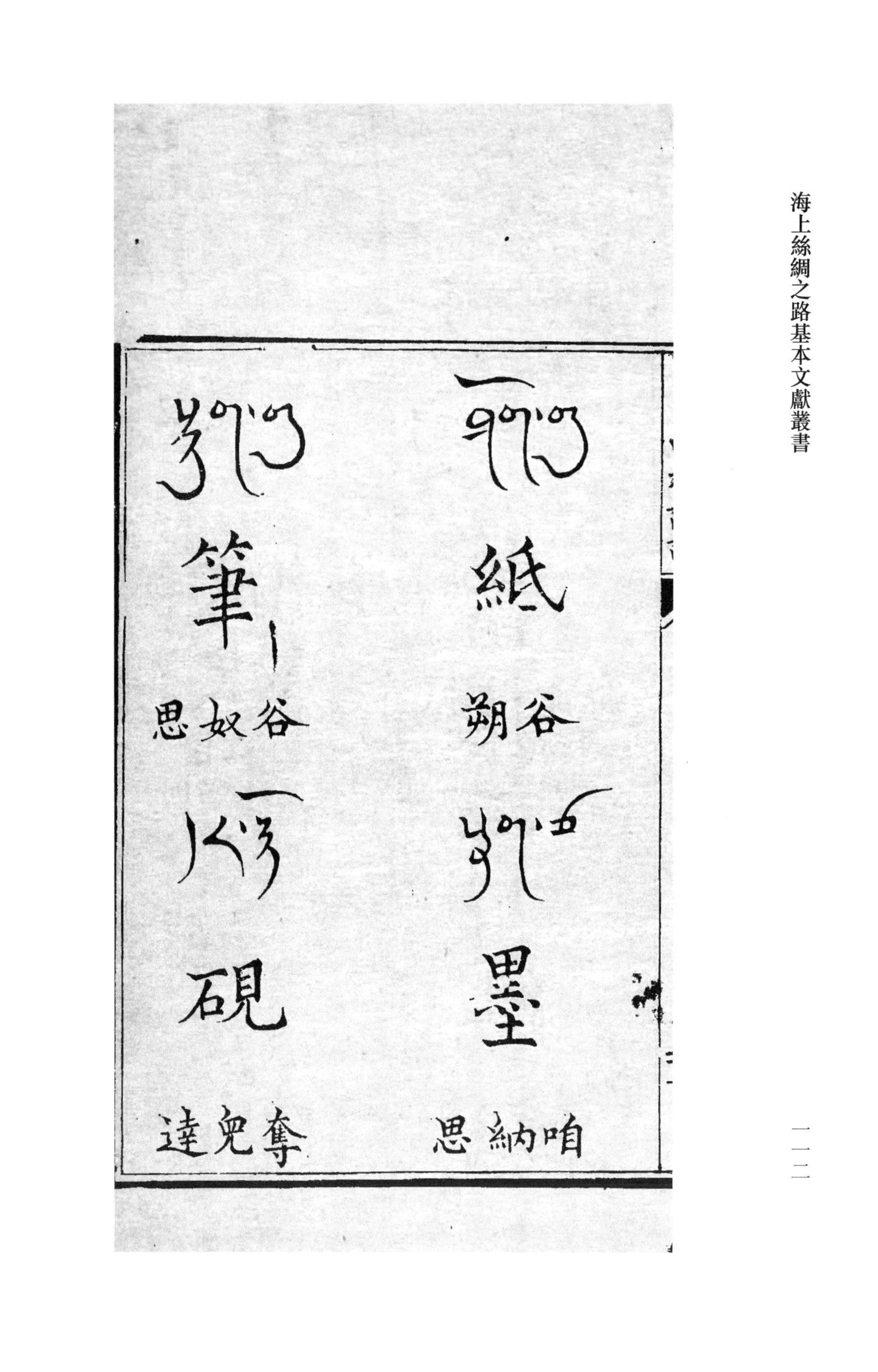

紙 谷朔

墨 咱納思

筆 谷奴思

硯 奪兒達

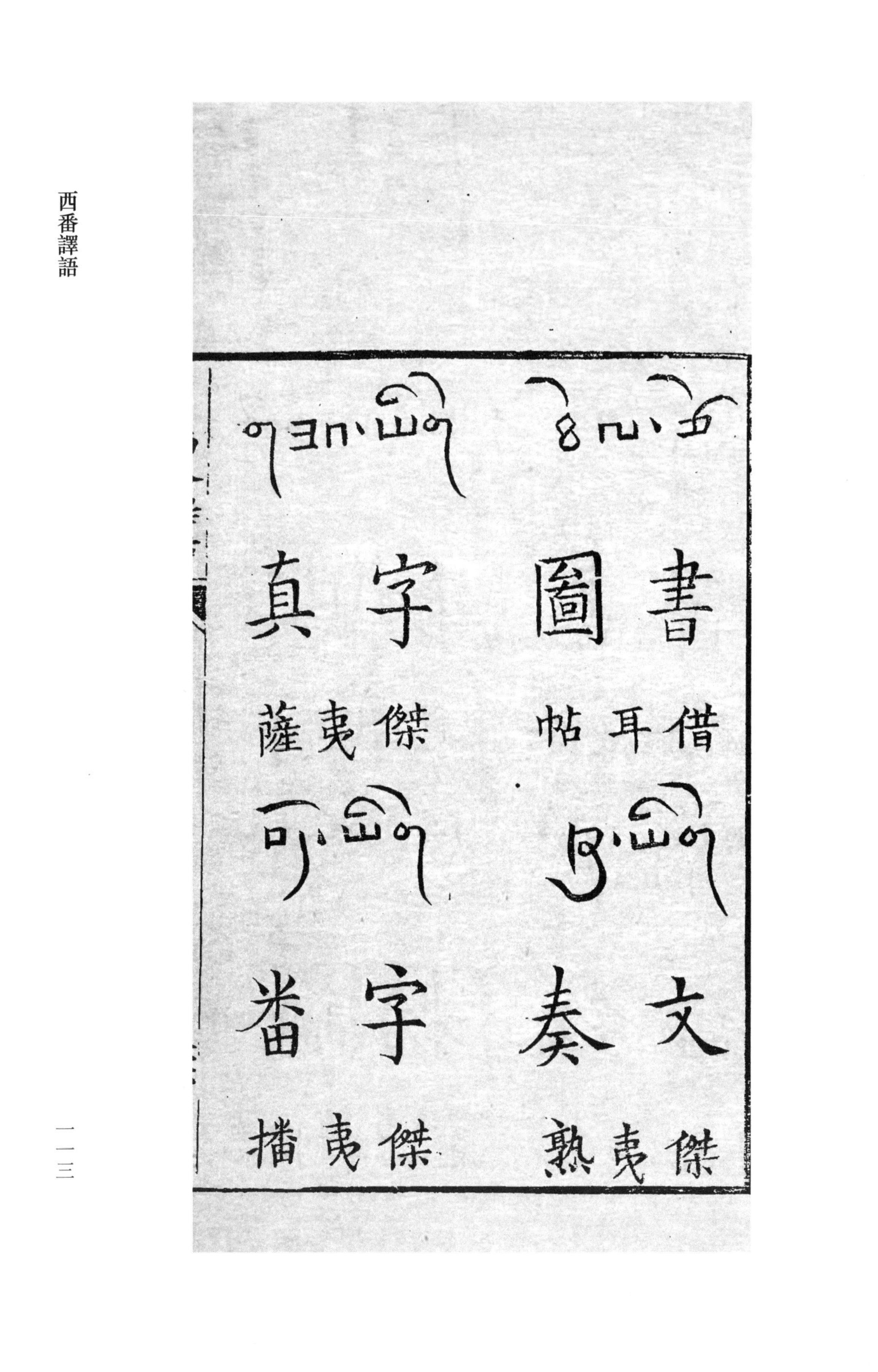

書圖
借耳帖

字真
傑夷薩

文奏
傑夷熟

字番
傑夷播

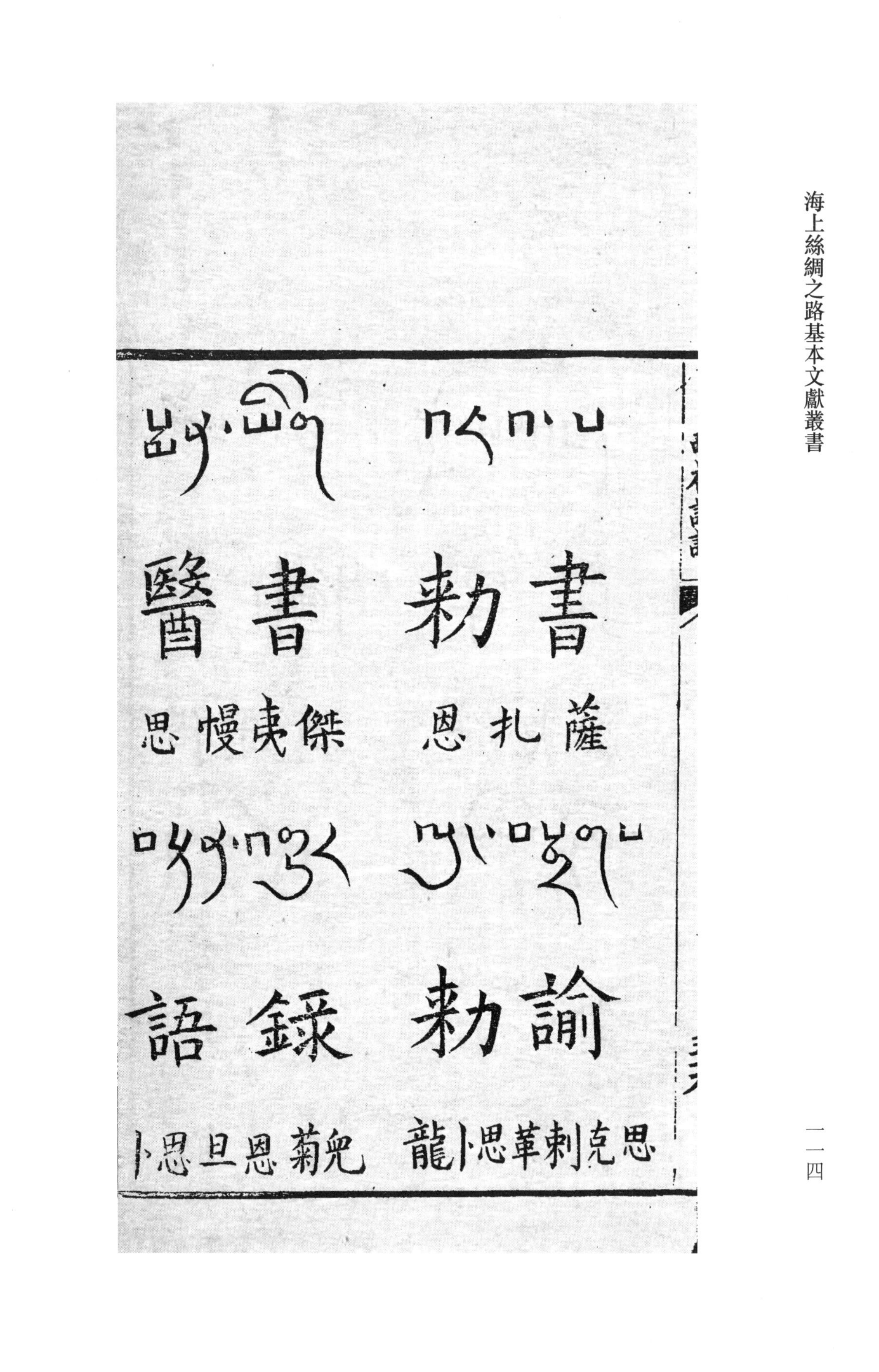

敕書

恩扎薩

醫書

思慢夷傑

敕諭

龍卜思華剌克思

語錄

卜思旦恩菊兜

方隅門

ཤར
東
廈兒

ནུབ
西
奴

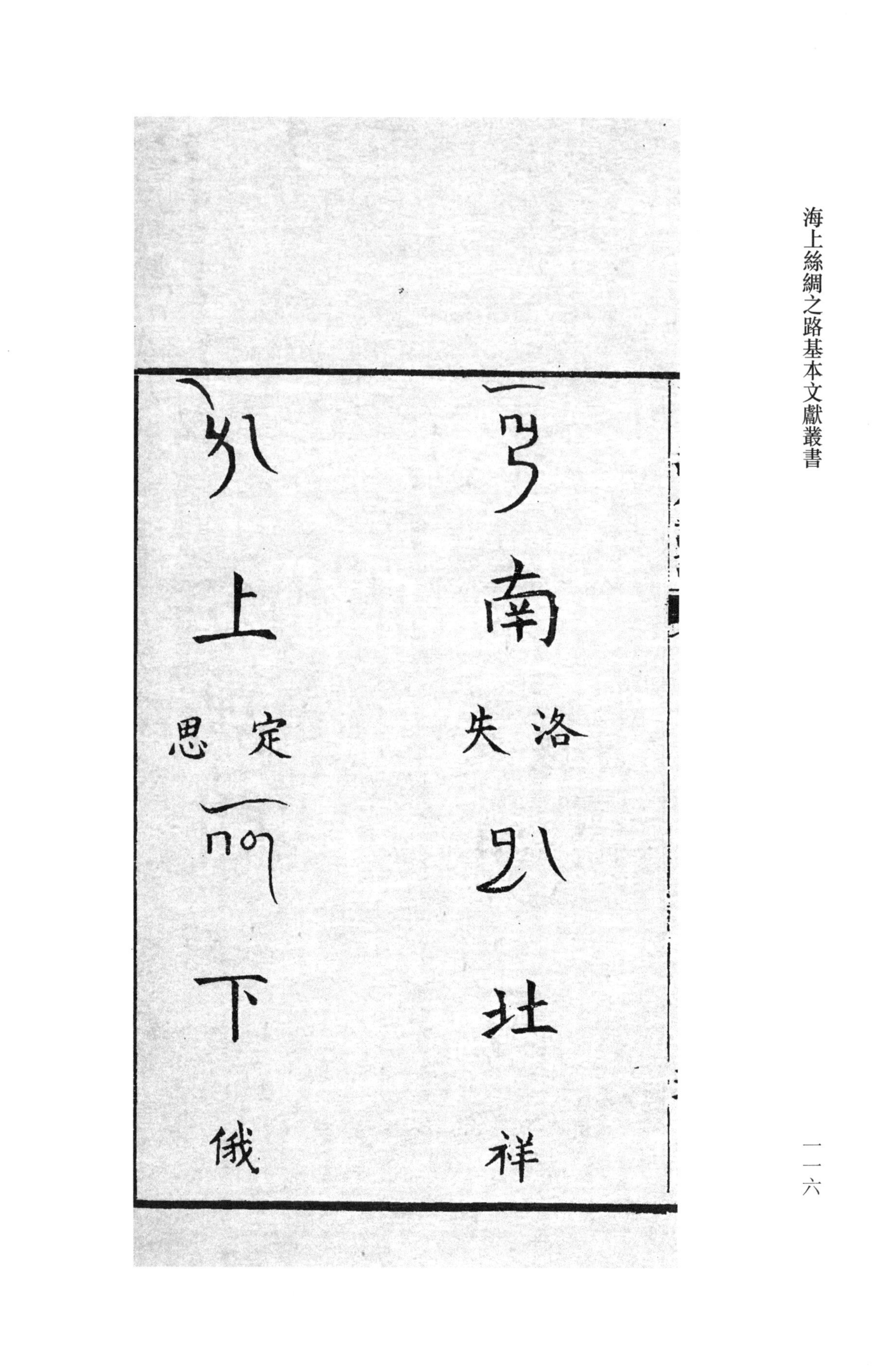

[illegible]南以壯

洛失

祥

[illegible]上而下

定思

儀

གཡོན 左 怨

གཡས 右 思牙

མདུན 前 敦母

རྒྱབ 後 甲兒

內
囊
外
細

間
毒
外
囊

兒

中
抜
內
細

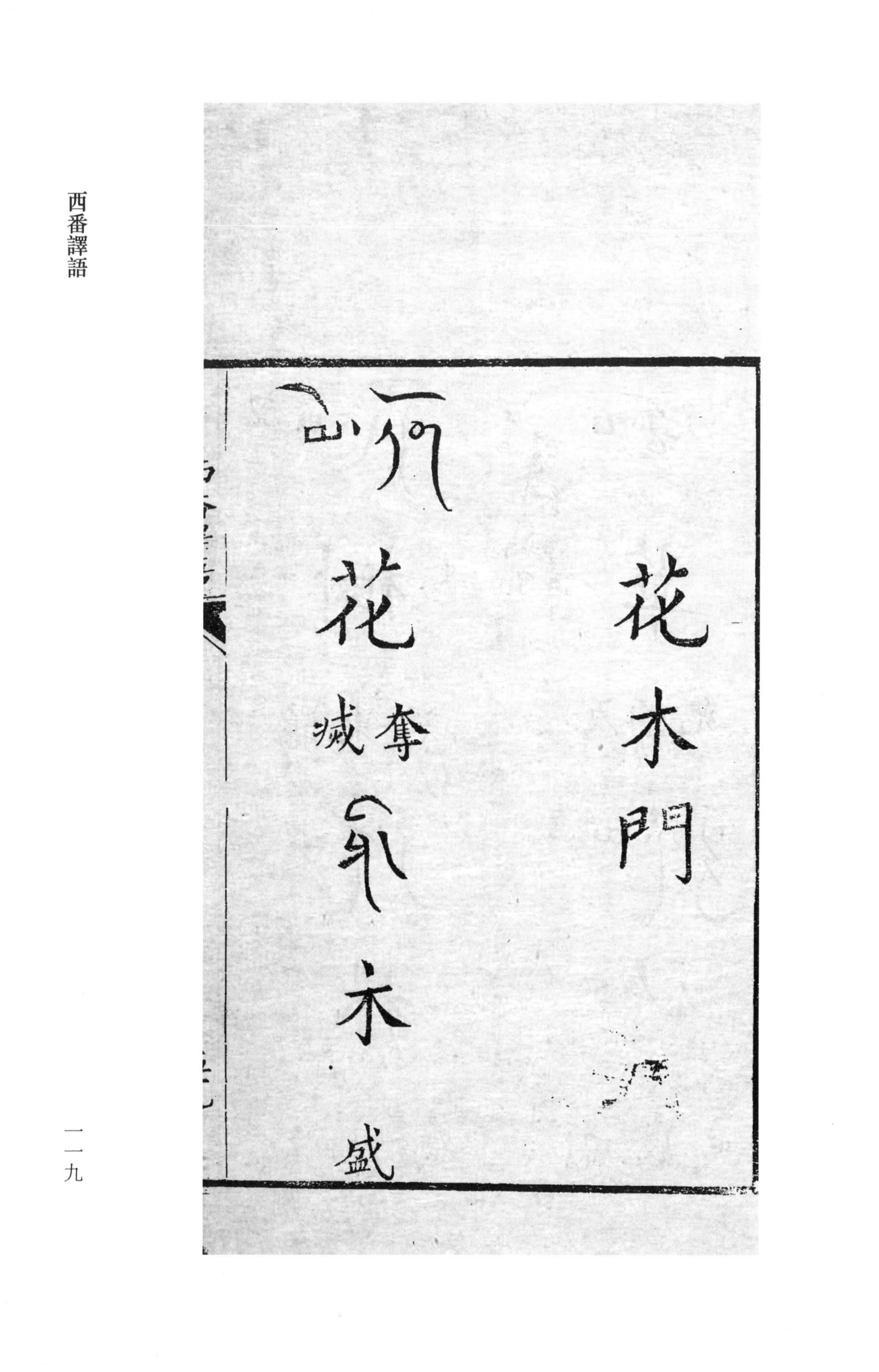

## 花木門

མེ་ཏོག
花
滅奪

ཤིང
木
盛

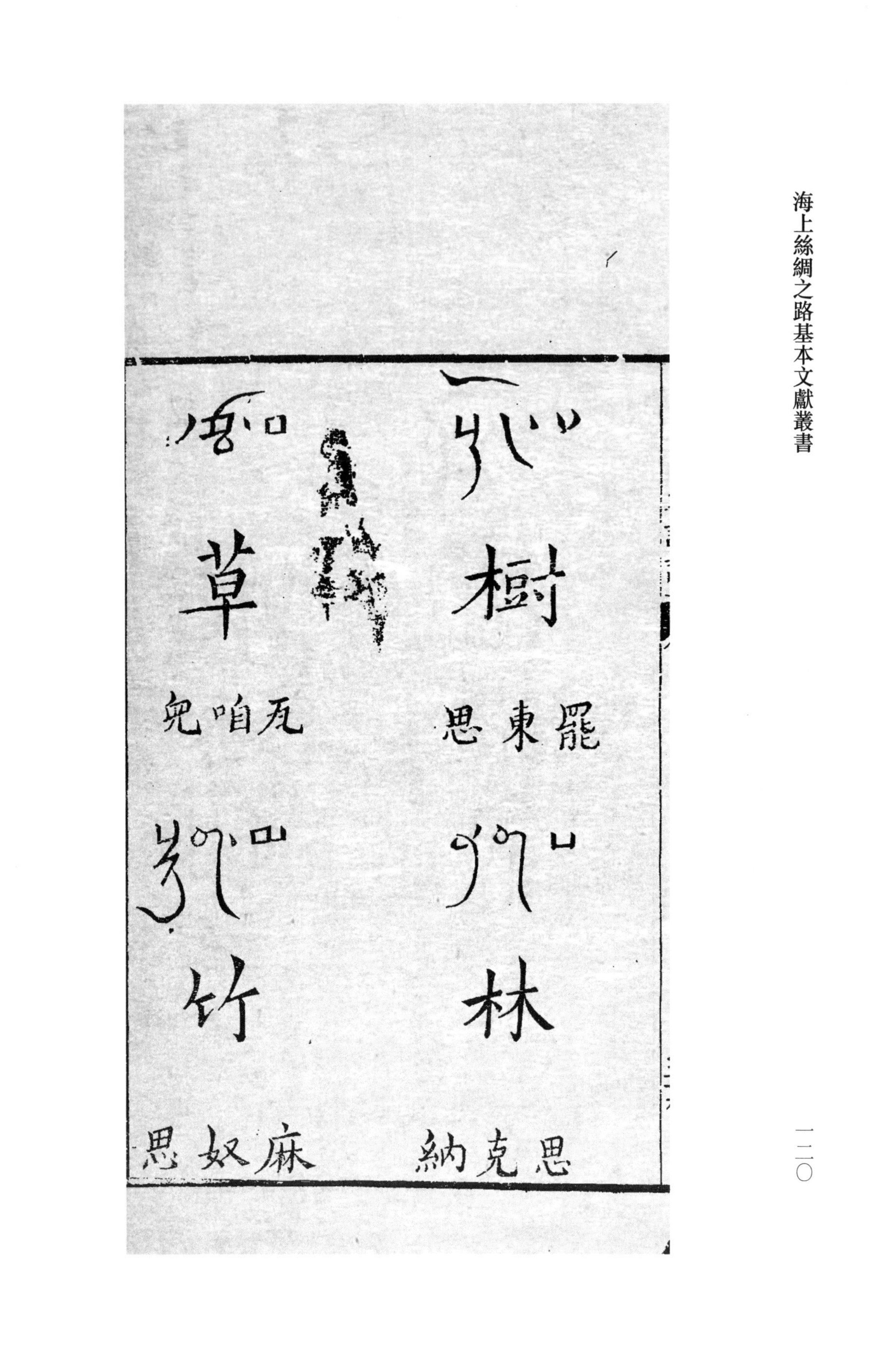

樹

罷東思

草

瓦咱兒

林

思克納

竹

麻奴思

པད་མ
蓮花
百麻

རྩ་བ
根
兒咱瓦

ཡལ་ག
枝
牙耳葛

ལོ་མ
葉
羅麻

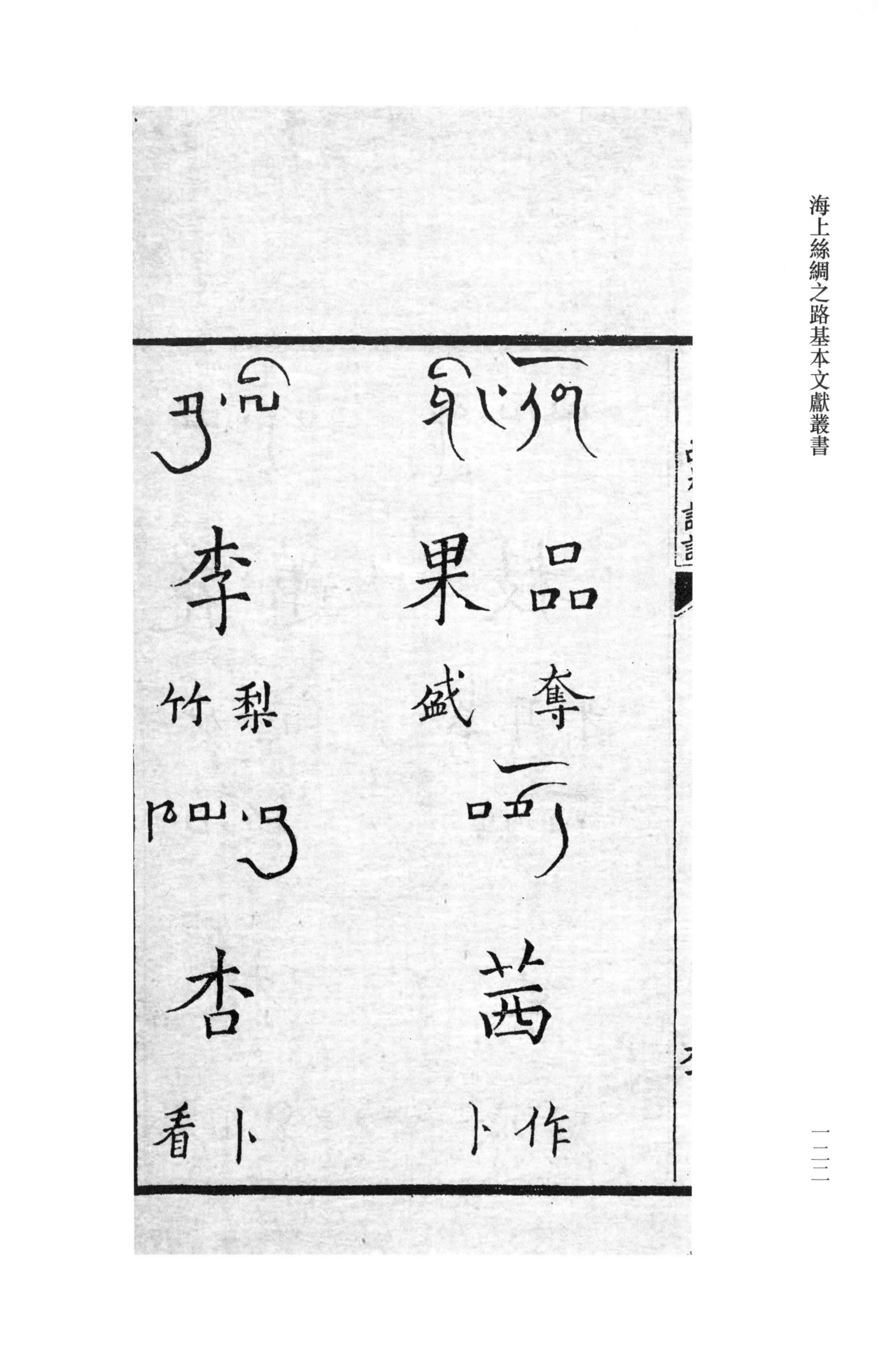

果品
䤋奪

茜
卜作

李
竹梨

杏
看卜

ཁམ

桃

塔吾

གྲོ

麥

果羅

ཚོད་མ

菜

錯麻

ཏིལ

芝麻

的耳

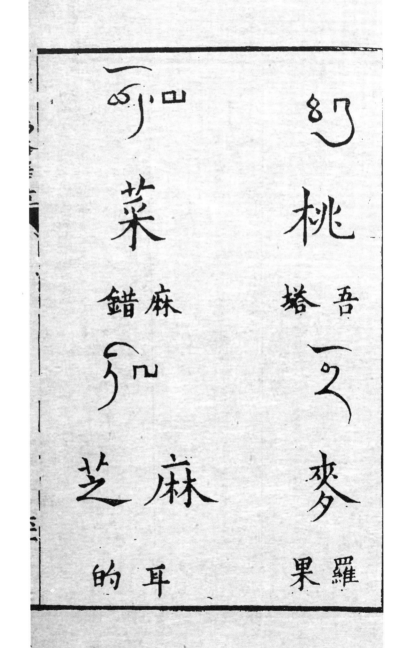

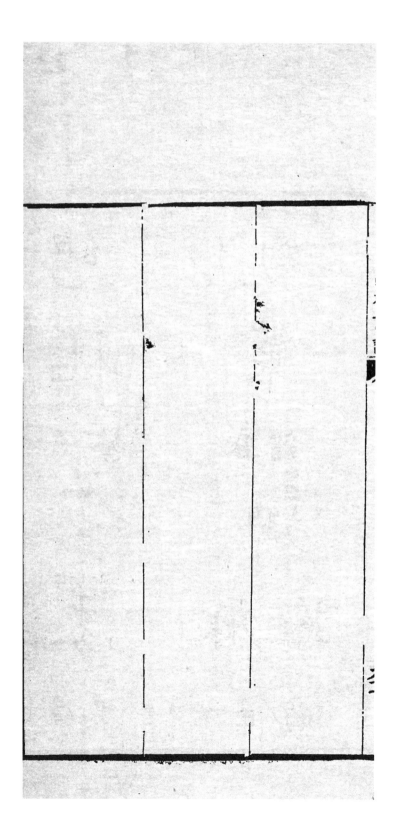

## 鳥獸門

དུད་འགྲོ
畜生
毒恩果羅

གཅན་གཟན
猛獸
戰散

གུང
⿸厂毛
供

ཀི་ལིན
麒麟
吉隣

སེང་གེ
獅子
星傑

དོམ
熊
端

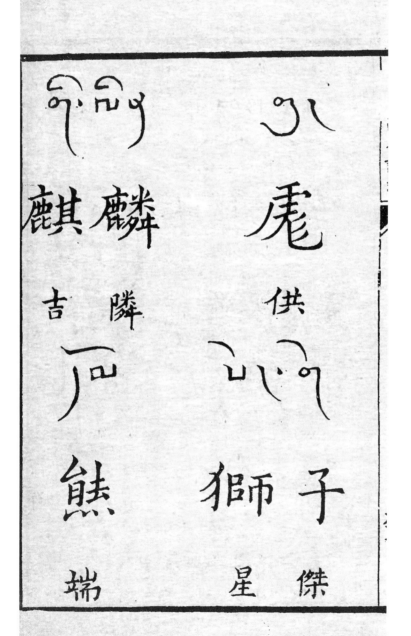

ཝ
狐
瓦

གཟིག
豹
席

ཤ་བ
鹿
厦瓦

སྤྱང་ཀུ
狼
思變谷

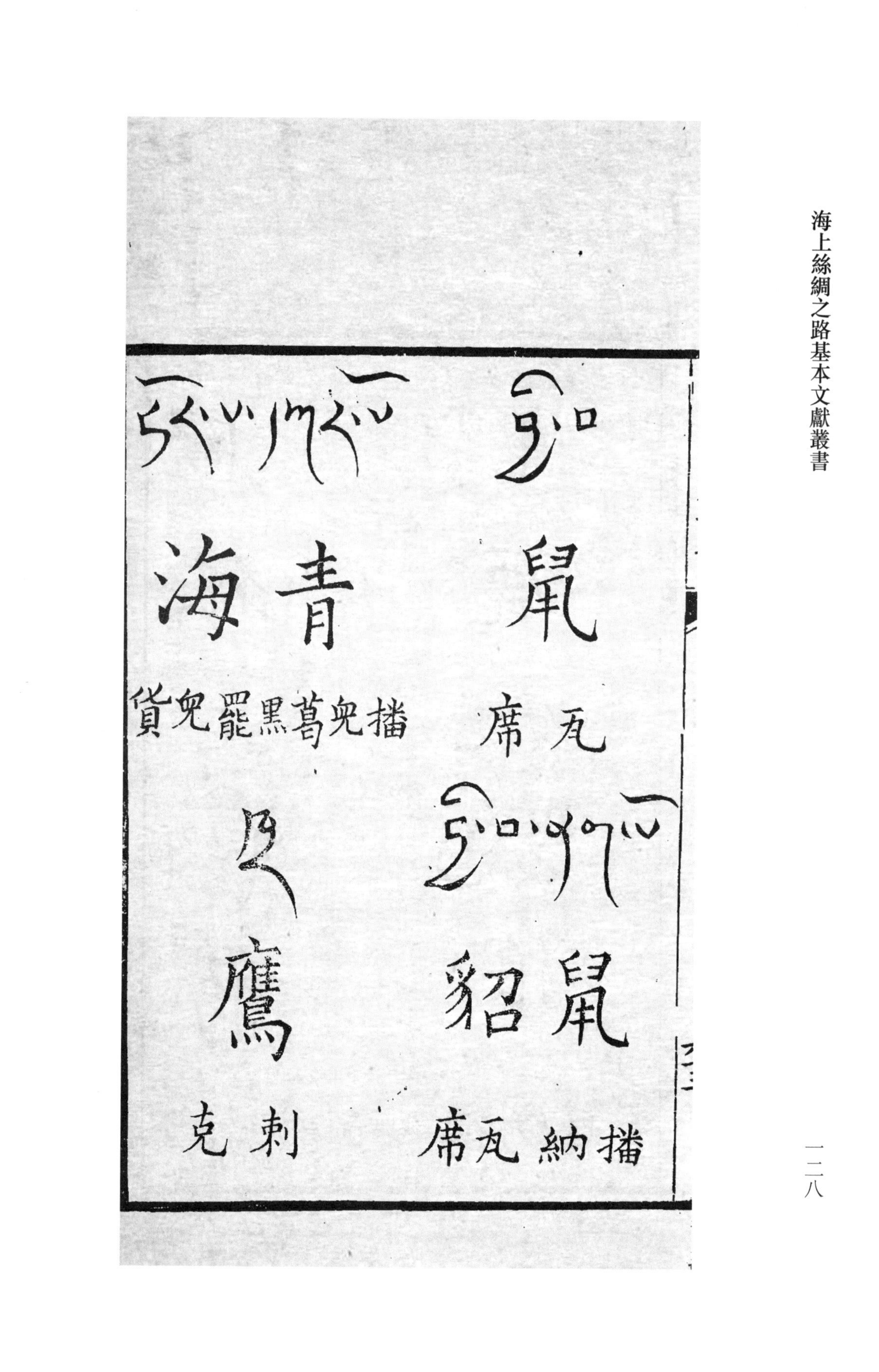

鼠

席瓦

海青

貧兒罷黑葛兒播

貂鼠

席瓦納播

鷹

克剌

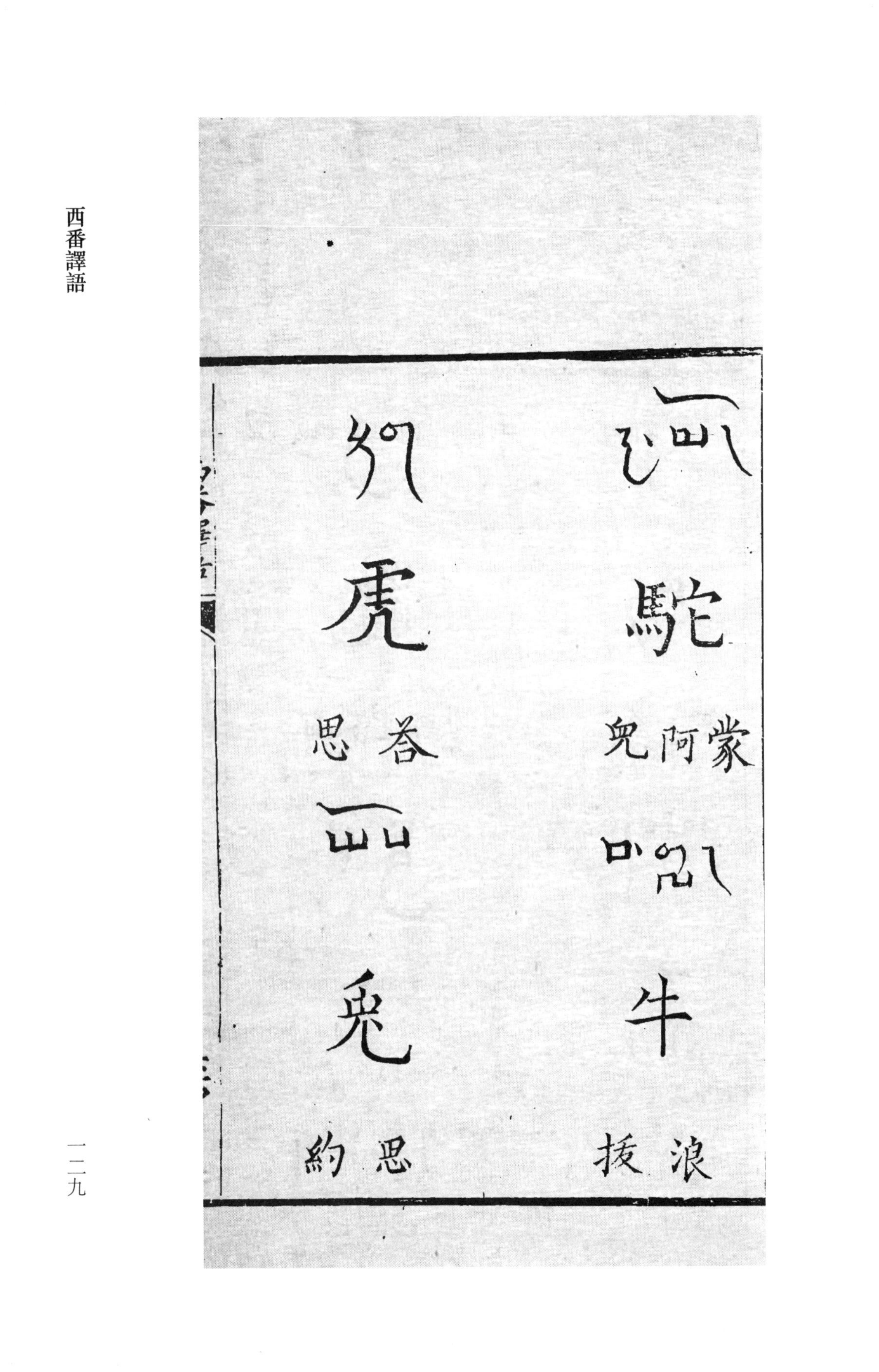

駝

蒙阿兒

牛

浪捘

虎

荅思

兎

思約

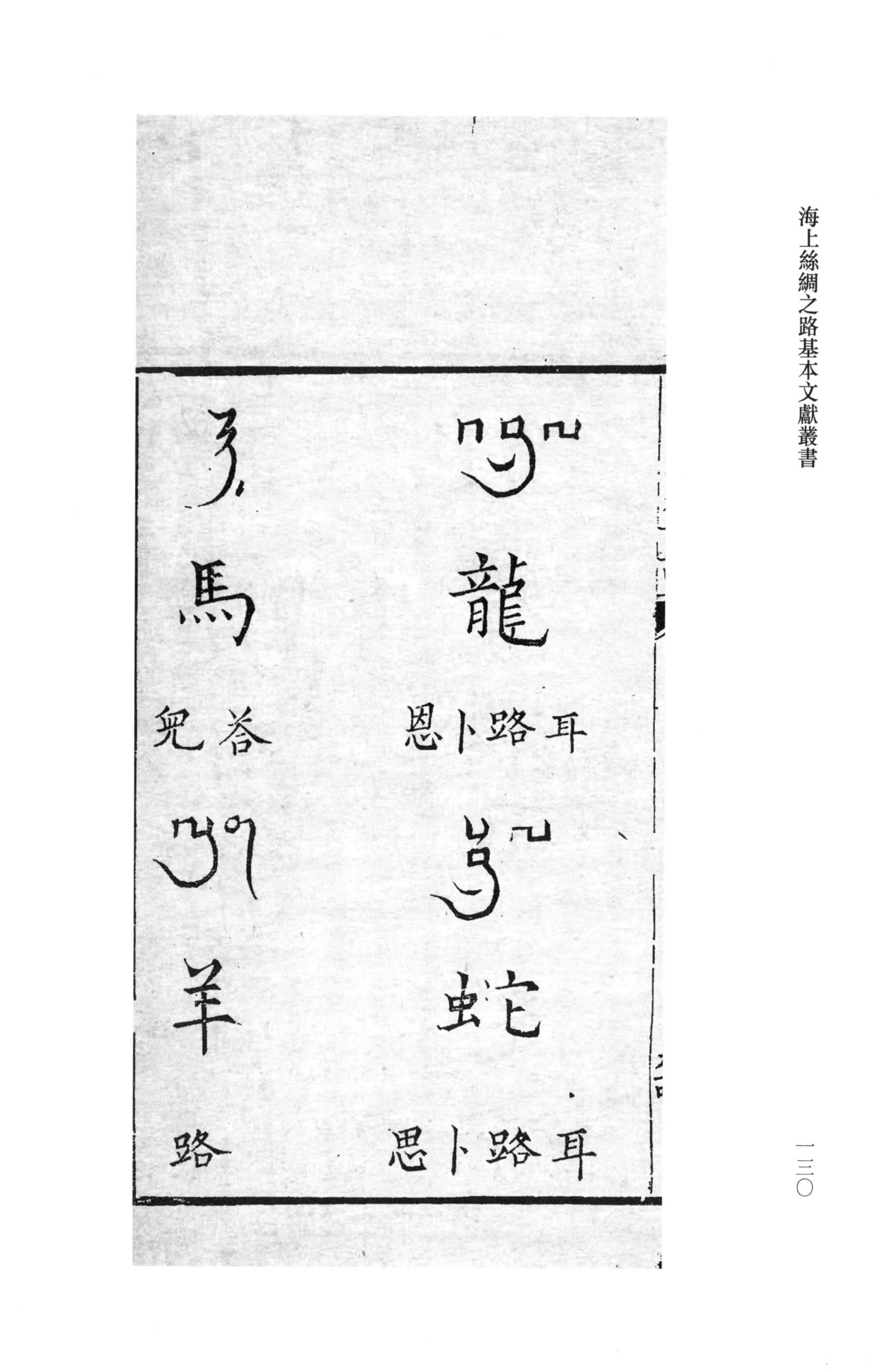

龍
耳路卜恩

蛇
耳路卜思

馬
答兒

羊
路

སྤྲེའུ
猴
思卜列吾

བྱ
雞
斜

ཁྱི
狗
氣

ཕག
猪
伯

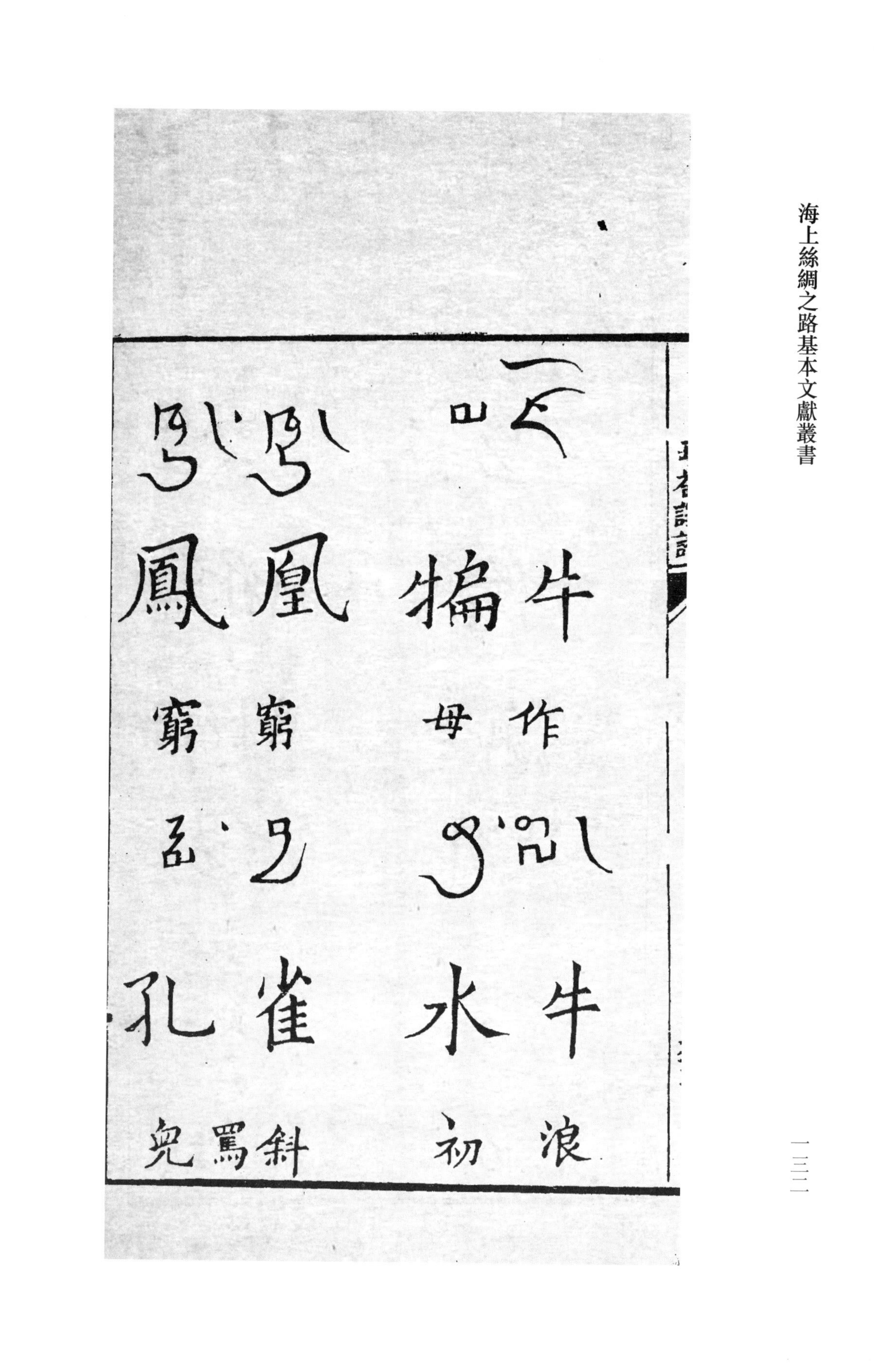

牛
作
牛
浪

犏
母
水
初

凰
窮
雀
斜

鳳
窮
孔
罵
兜

ཁྲུང
仙鶴
切零

ངང
鵝
昂罷

ཉ
魚
娘

ཕུར
飛
樸免

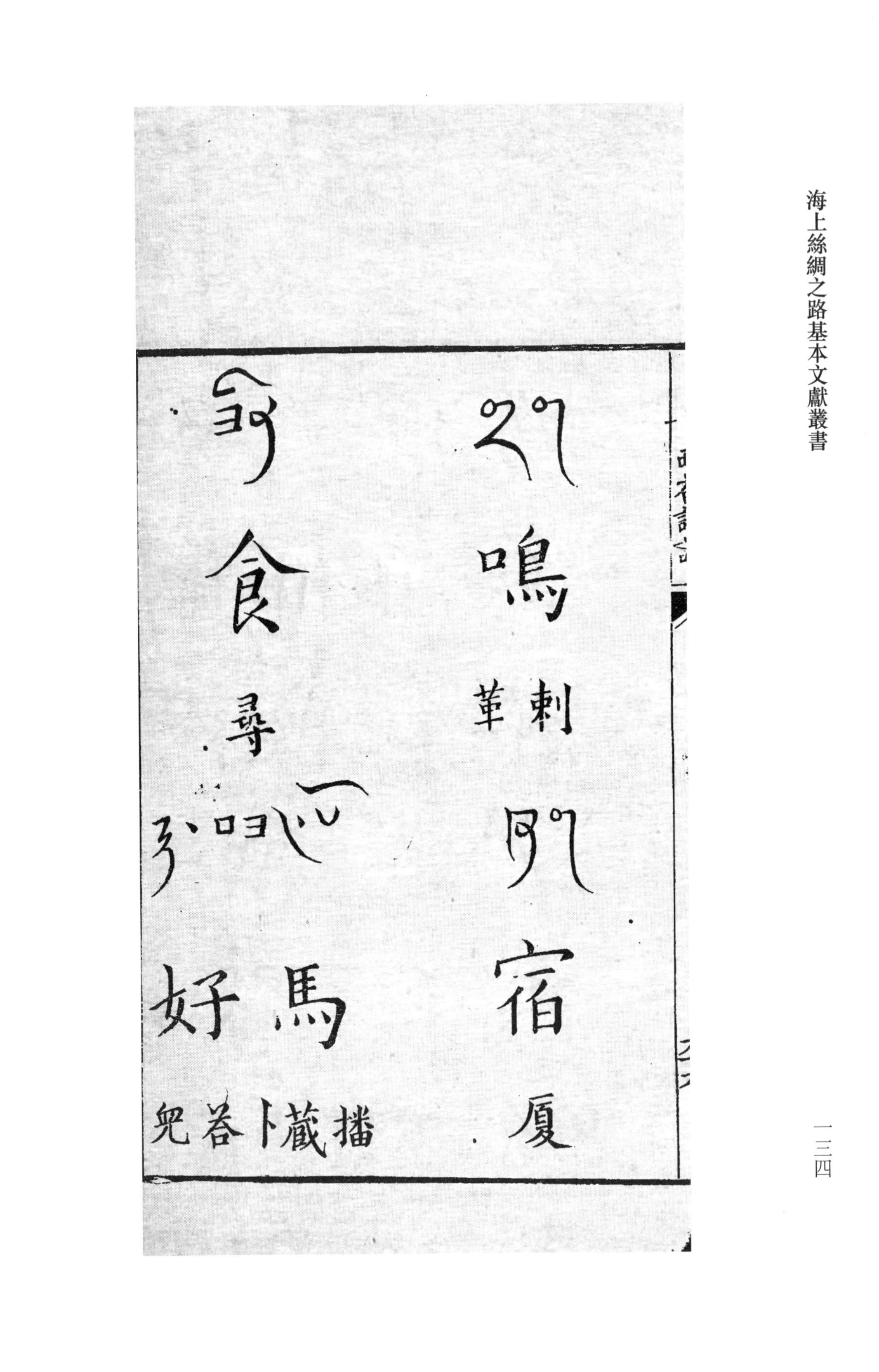

鳴 刺華 宿 厦

食 尋 馬 播蔵卜

好 巻兒

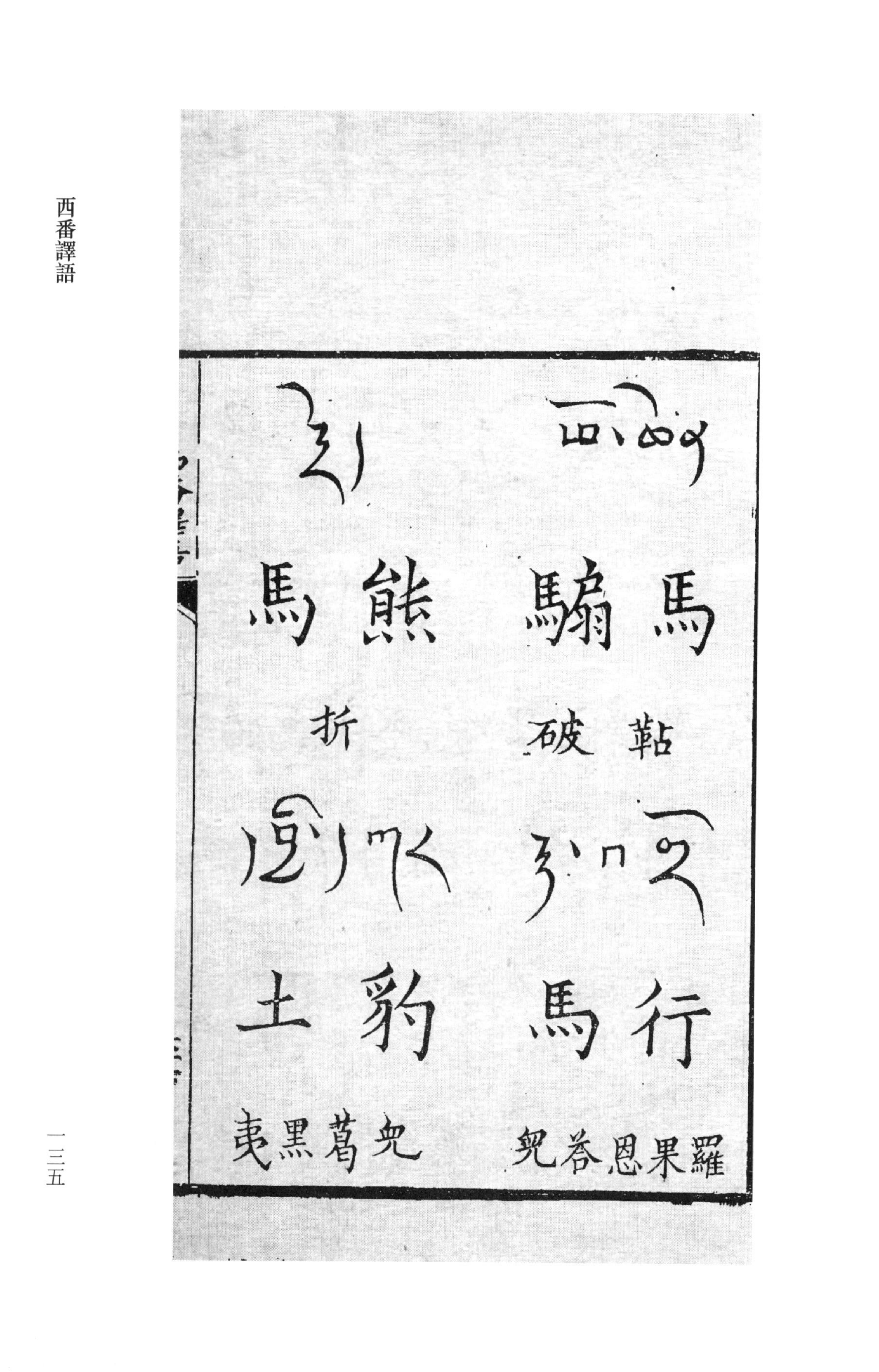

[illegible] [illegible]

馬熊 騸馬

折 破鞊

[illegible] [illegible]

土豹 馬行

夷黑葛兜 兜答恩果羅

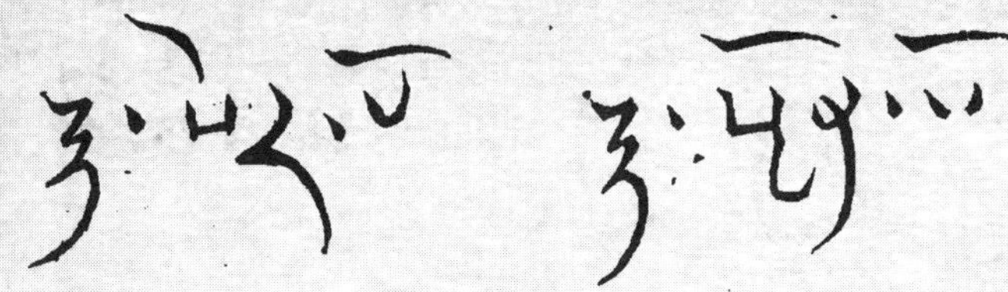

黃馬　青馬

兒荅謝兒播　兒荅思萬播

黑馬　白馬

兒荅納播　兒荅黑葛兒播

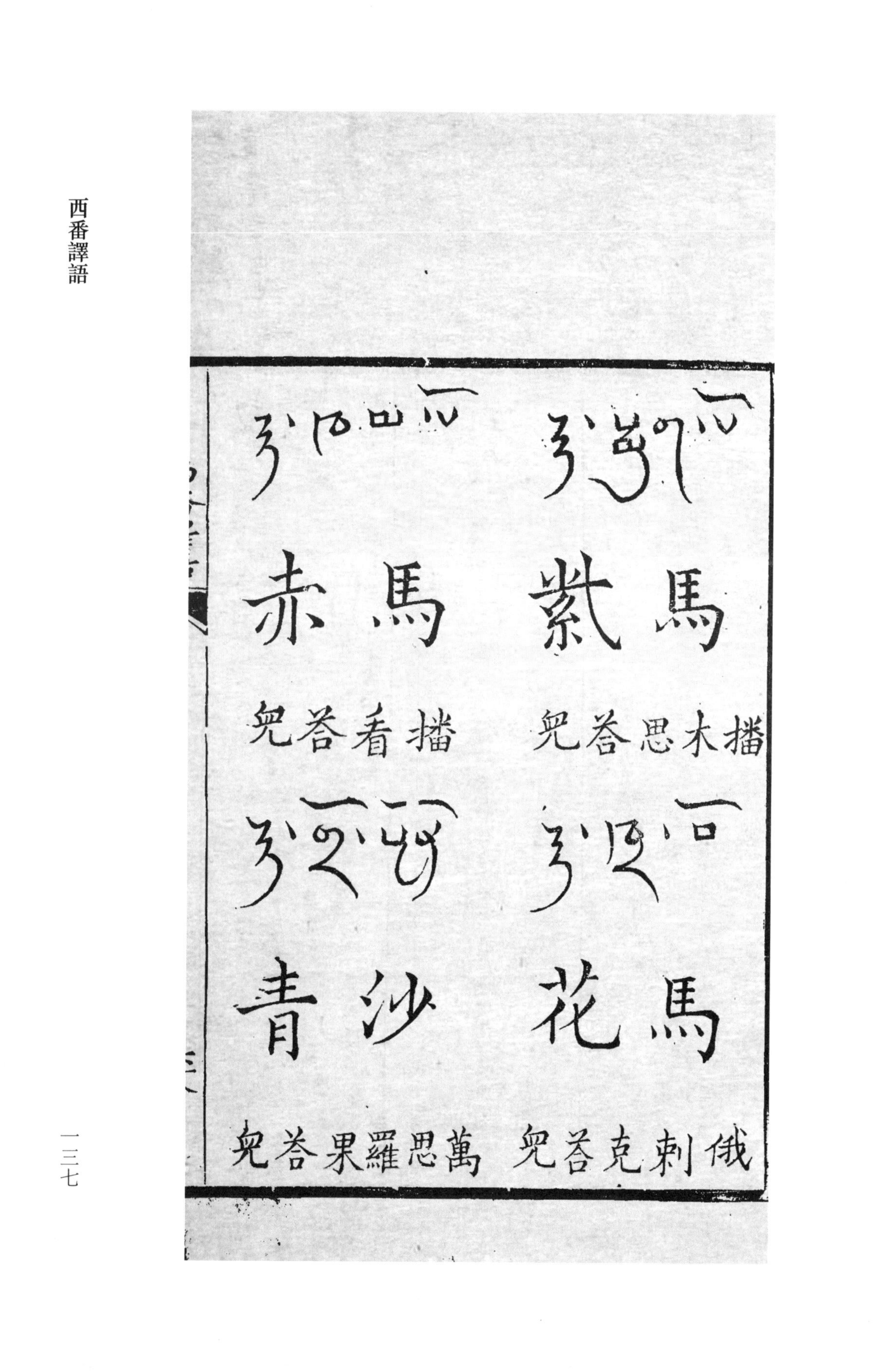

赤馬　紫馬

兒荅看播　兒荅思木播

青沙　花馬

兒荅果羅思萬　兒荅克剌俄

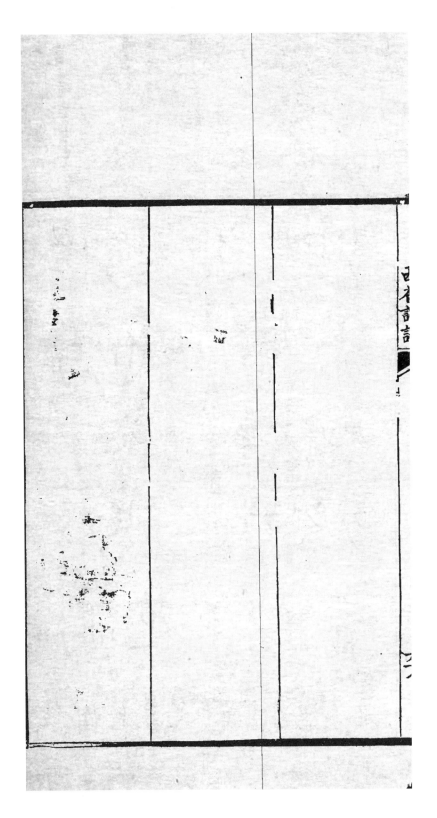

# 珍寶門

རིན་པོ་ཆེ

寶

林播輟

རྡོ་རིན་པོ་ཆེ

寶石

兊奪林播輟

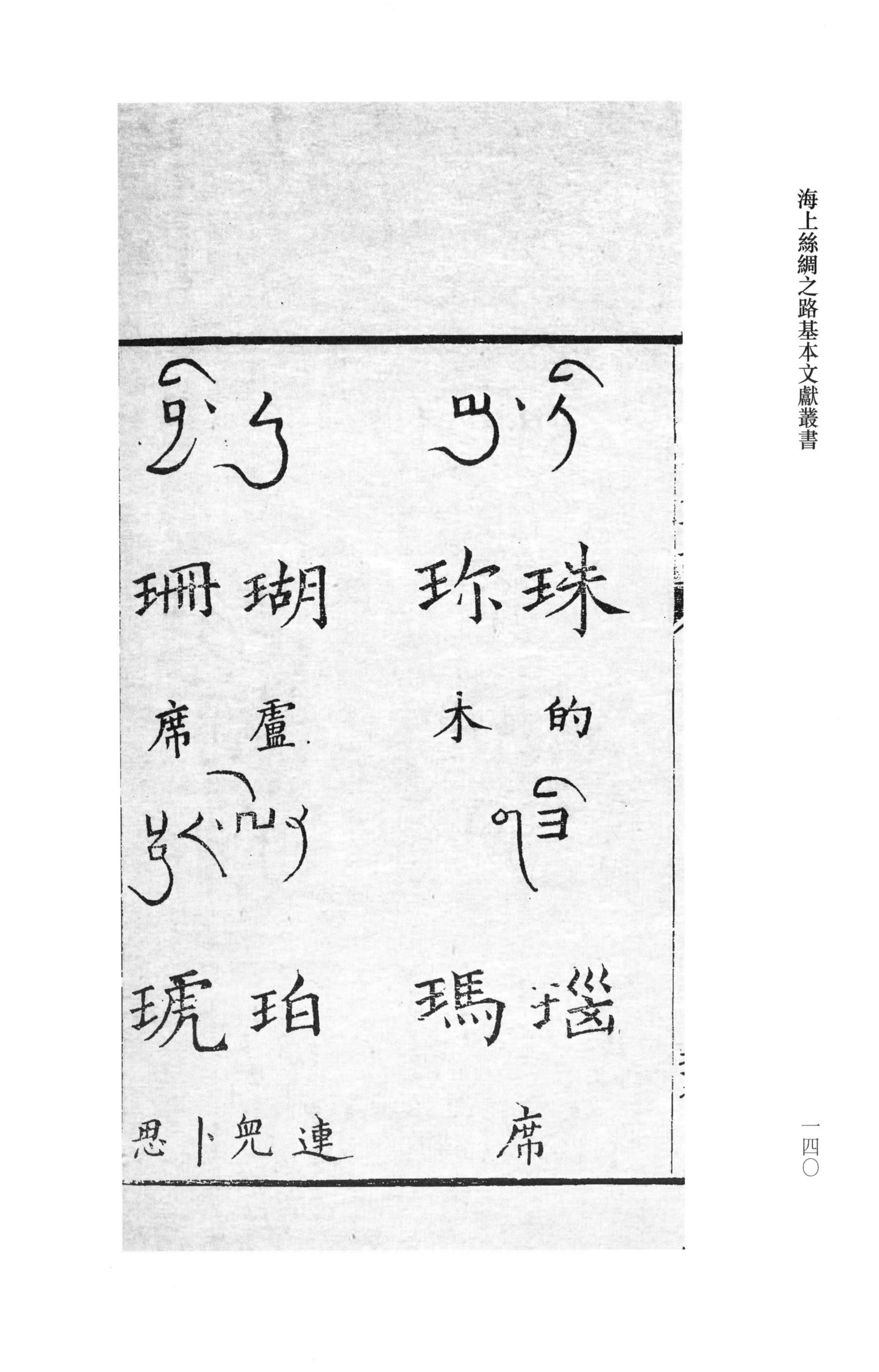

珎珠
木的

珊瑚
席盧

瑪瑙
席

琥珀
思卜兒連

ཞལ

玉

舍耳

ཞལ་སྔོ་པོ

碧玉

舍耳思萬播

གསེར

金

黑謝兒

དངུལ

銀

物耳

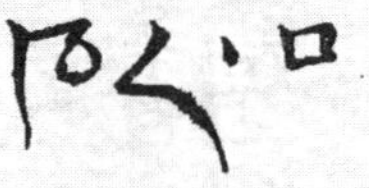

銅

瓦兒渴

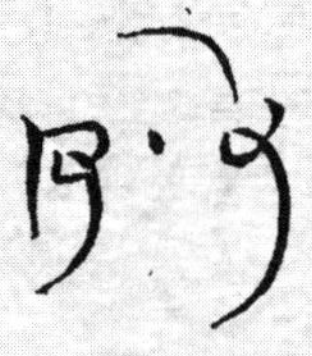

錫

呆厦

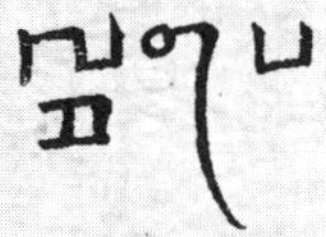

鐵

思克乍失

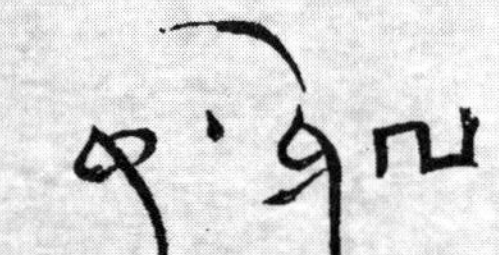

水晶

耳舍初

མེ་ཤེལ

火晶

滅舍耳

དོང་ཙེ

錢

東借

དངུལ་ཆུ

水銀

物耳初

བ་སོ

象牙

抜梭

## 香藥門

སྤོས
香
思播思

ཙན་དན
檀香
贊丹

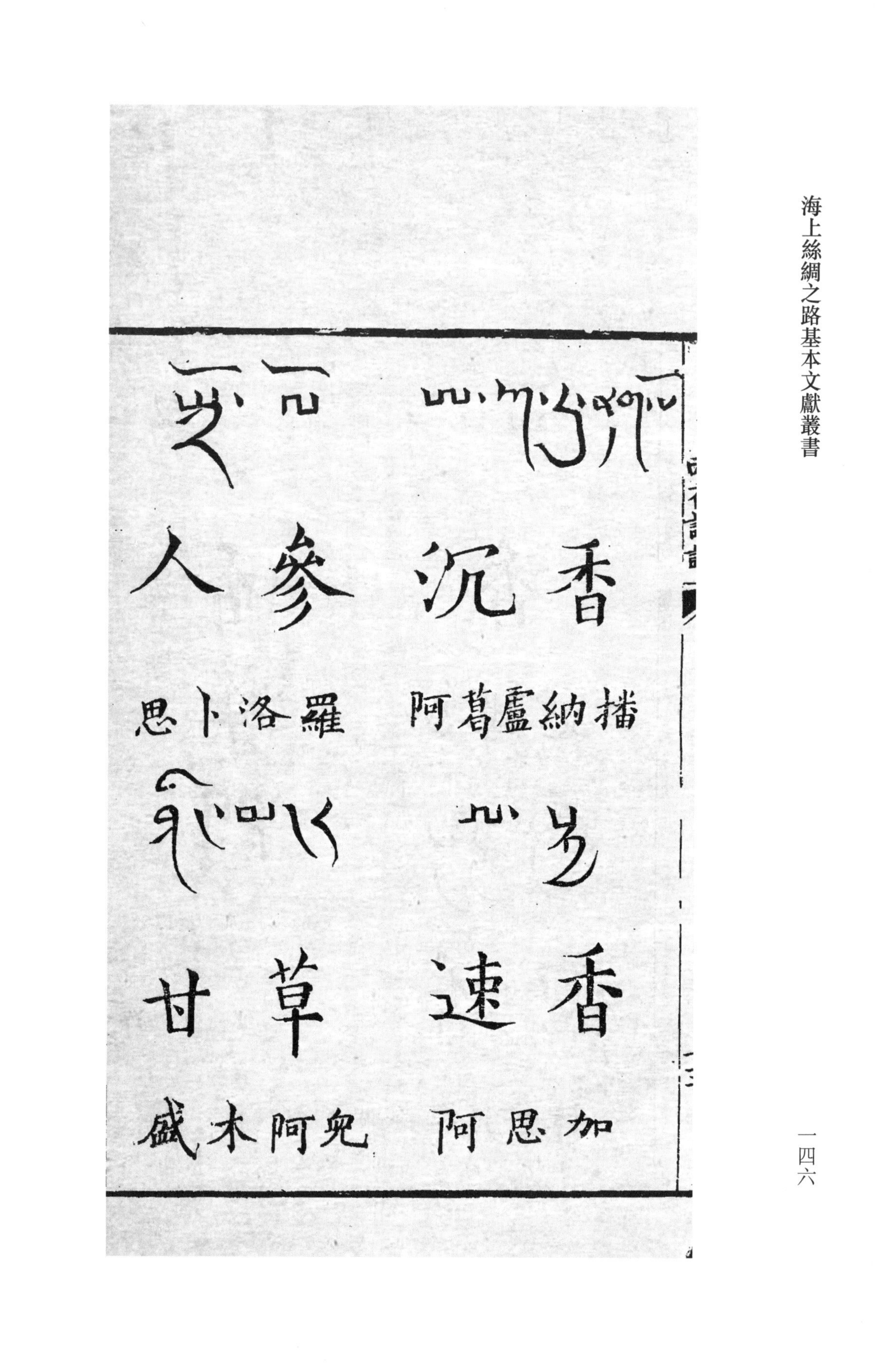

沉香　人參

阿葛盧納播　思卜洛羅

速香　甘草

阿思加　盛木阿兒

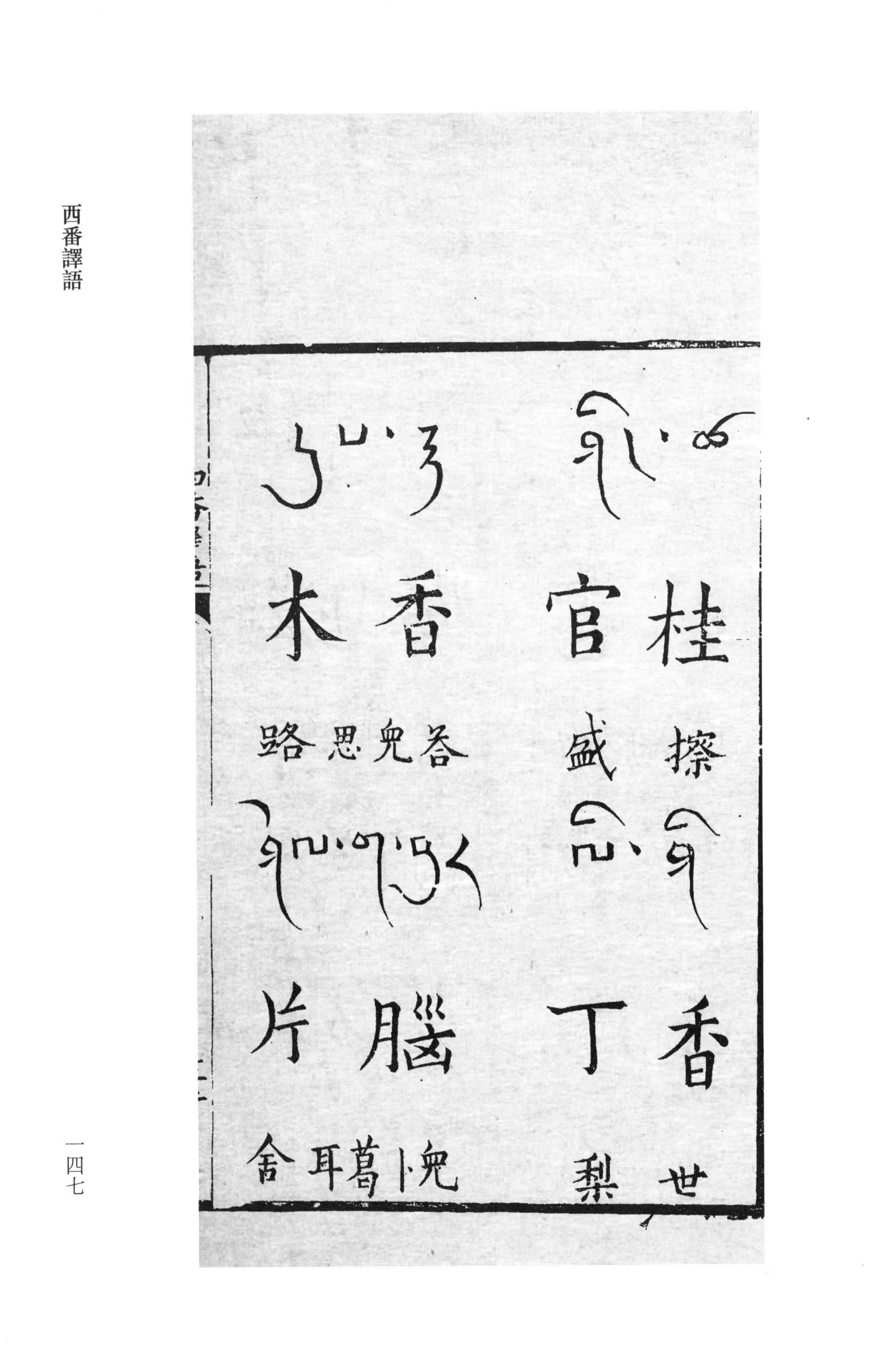

ཤིང་ཚ

官桂

盛擦

[illegible]

木香

路思兜呑

ལི་ཤི

丁香

梨世

[illegible]

片腦

舍耳葛卜兜

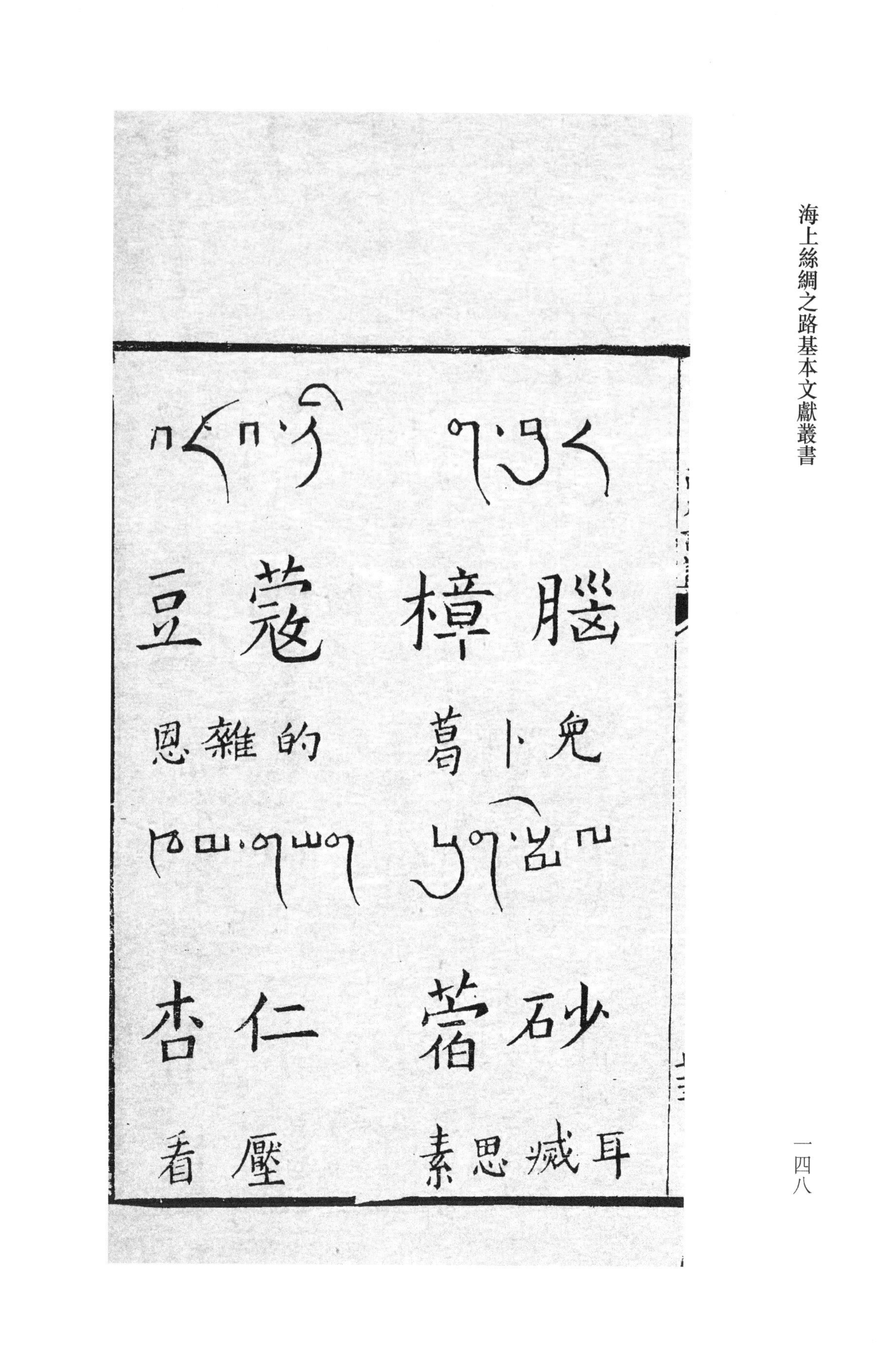

樟腦

葛卜兜

豆蔻

恩雜的

蓿砂

素思臧耳

杏仁

看壓

ཤུ་དག
菖蒲
初咎

ཟུག་པ
白芨
素罷

ཏ་ཀུ
當歸
當谷

ག་ཀོལ
草果
葛郭剌

ཁ་མ་ཀོ་ལ

檳榔

渴麻郭剌

ཤེ་ཀ་ཡོག

陳皮

謝約

ཙ་བ

川芎

扎瓦

ཤིང་ཀུན

阿魏

盛棍

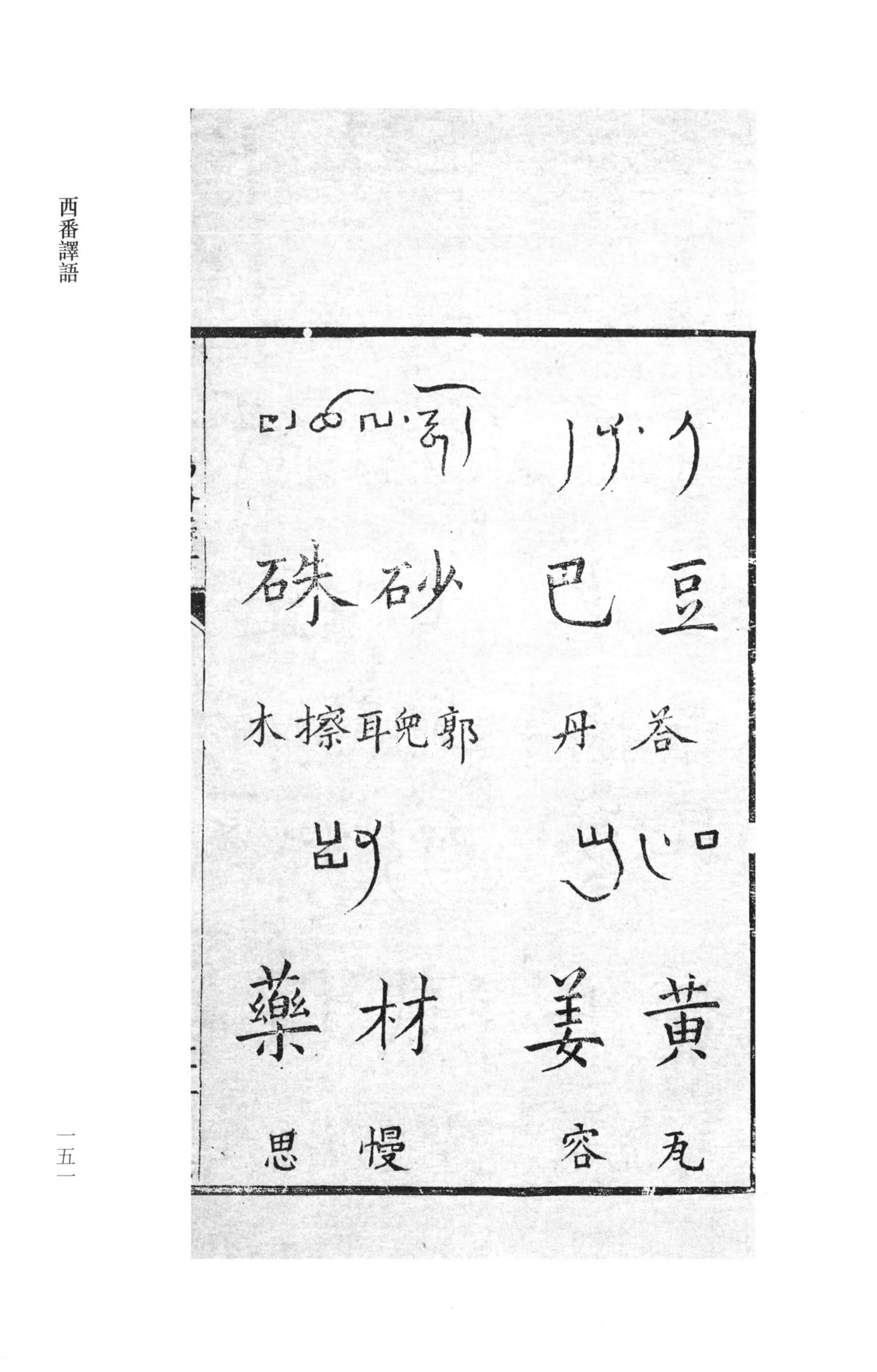

巴豆

丹荅

硃砂

木擦耳兒郭

姜黃

容瓦

藥材

思慢

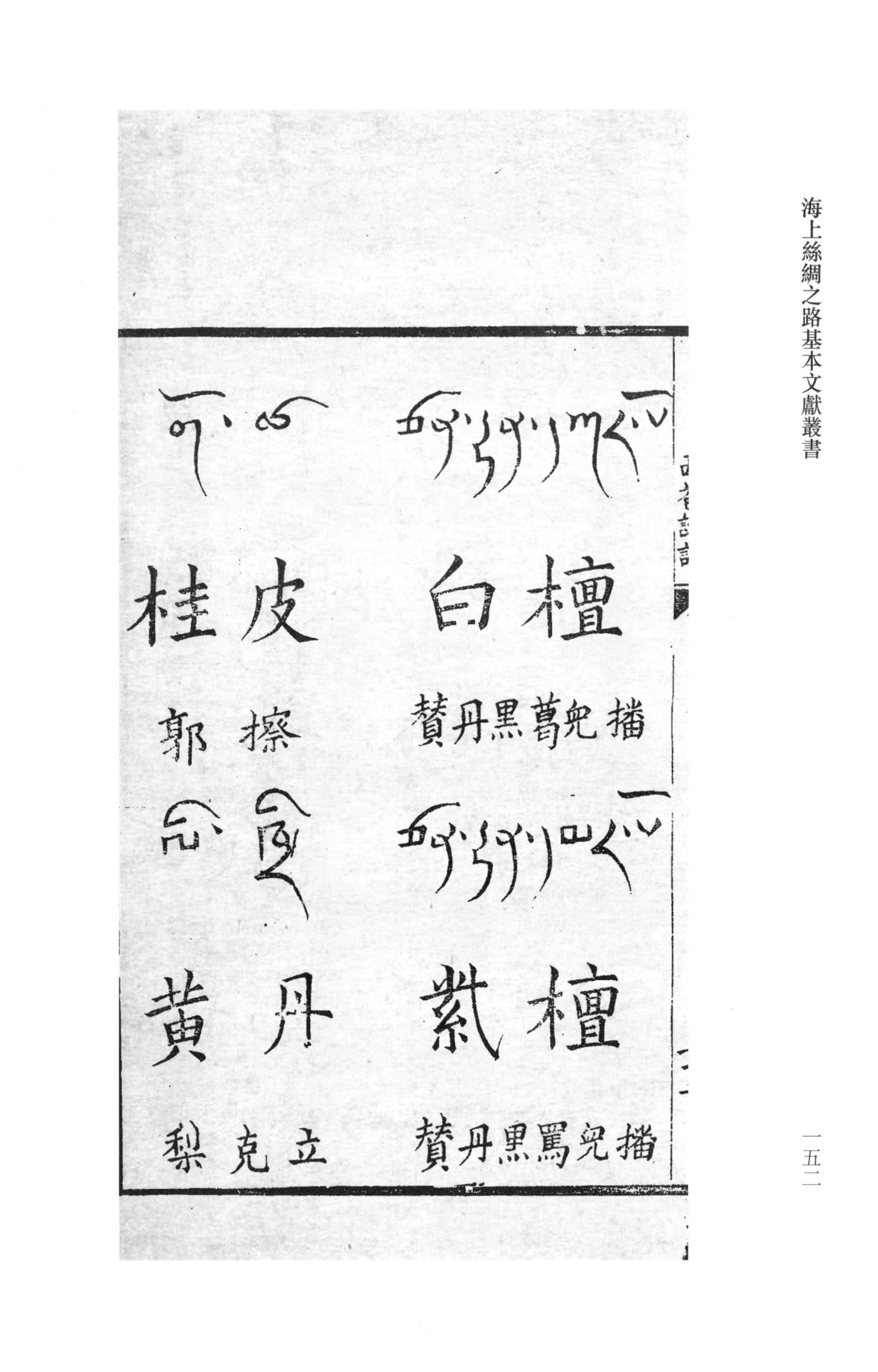

白檀

贊丹黑葛兒播

桂皮

郭擦

紫檀

贊丹黑罵兒播

黄丹

梨克立

སྤང་སྤོས

甘松

思邦思潽思

གི་ཝང

牛黃

戲望

# 數目門

གཅིག

一

治

གཉིས

二

思迭

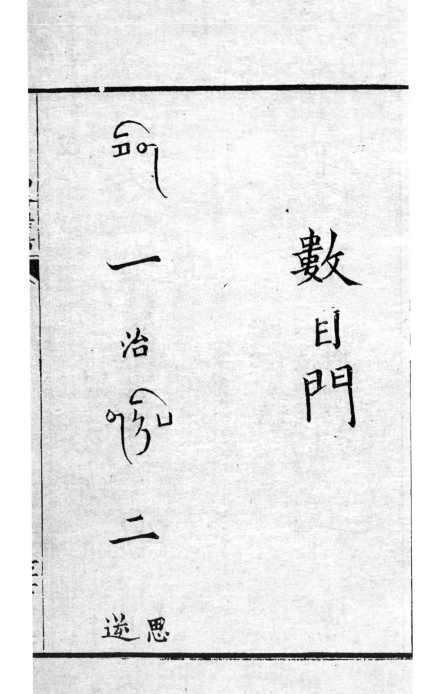

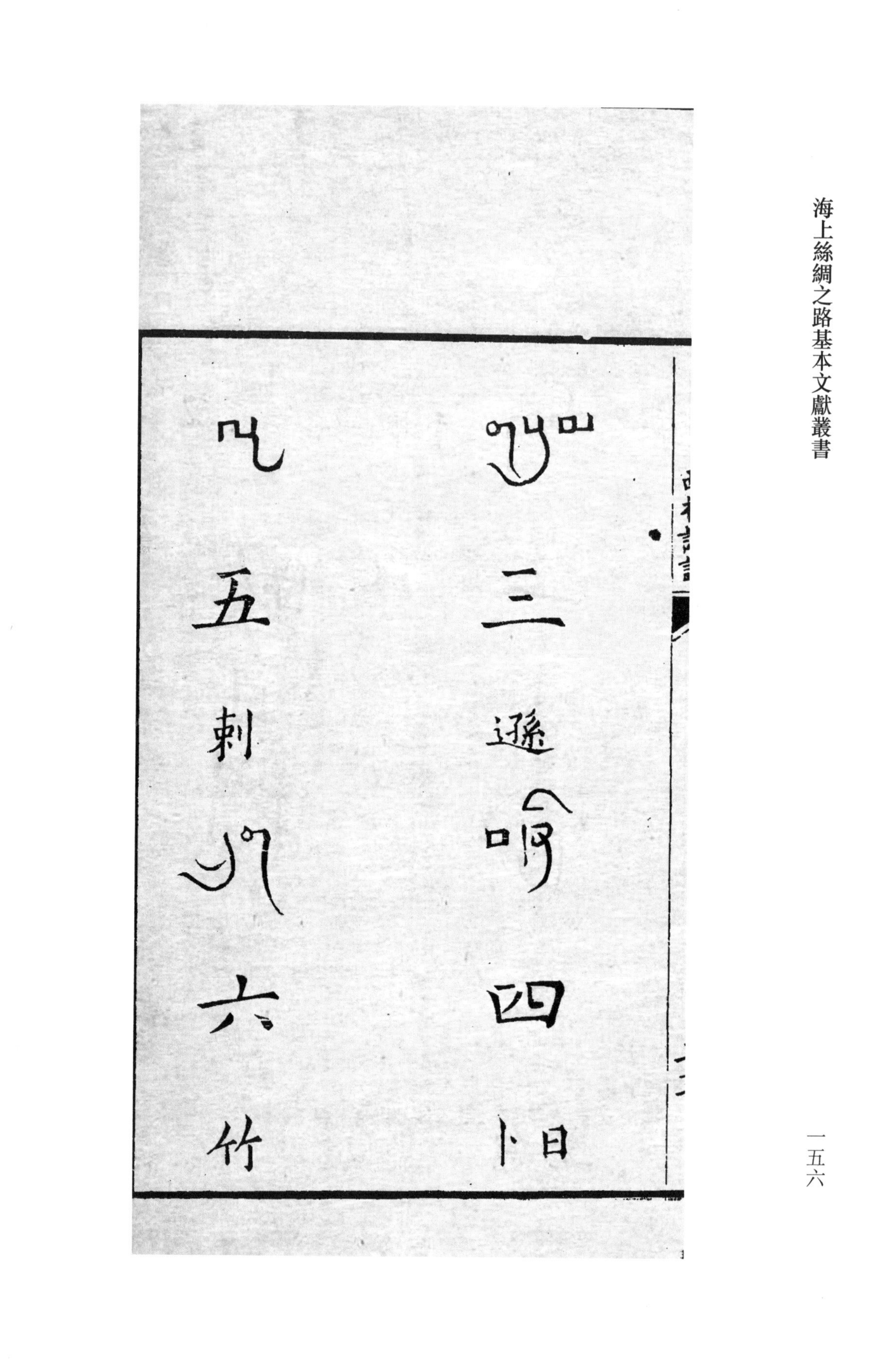

三 遜 四 日卜

五 刺 六 竹

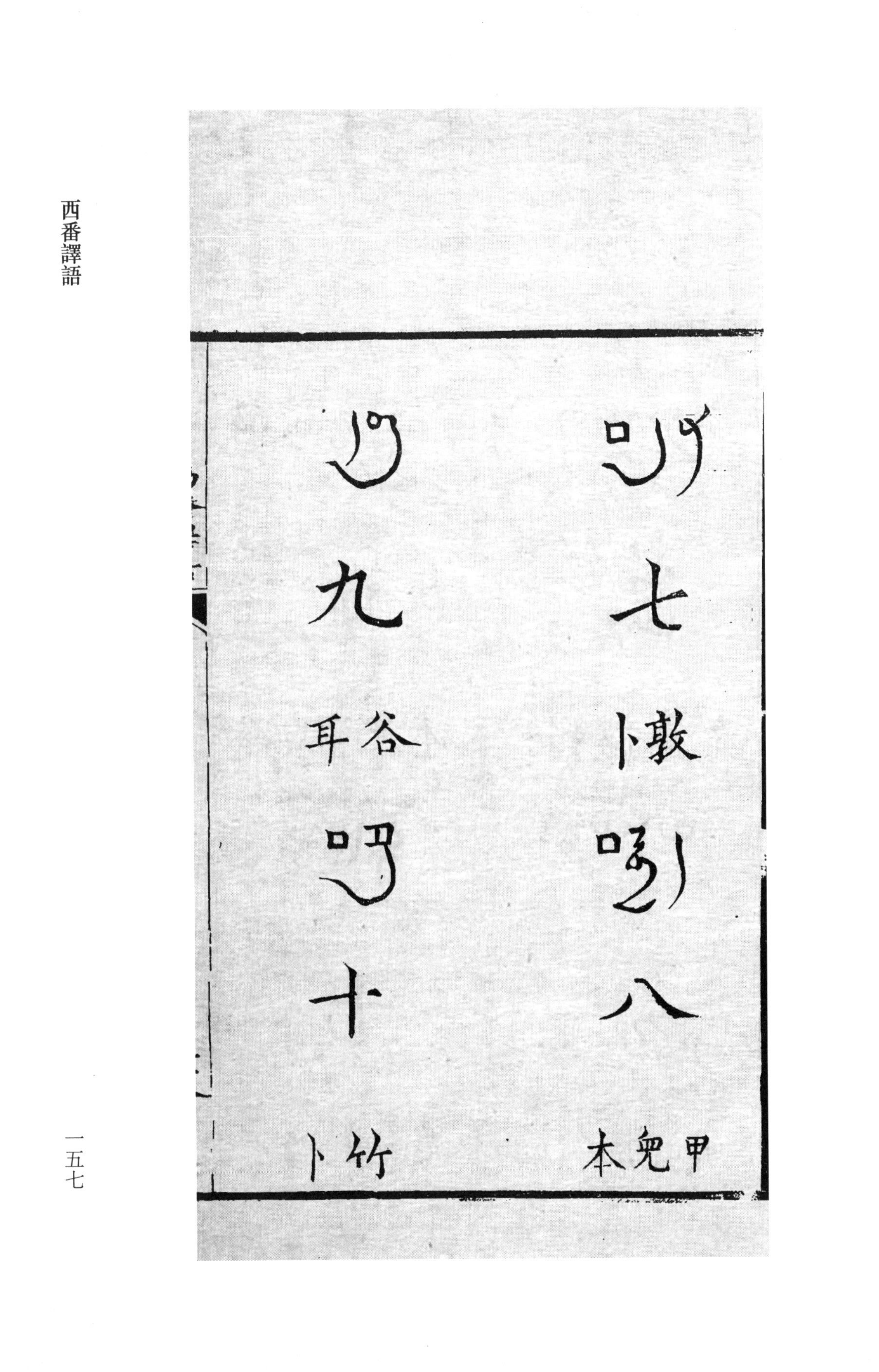

བདུན
七
敦卜

བརྒྱད
八
甲兒本

དགུ
九
谷耳

བཅུ
十
竹卜

བརྒྱ་ཕྲག

百

本兜甲炭罷

སྟོང་ཕྲག

千

思凍錯

ཁྲི་ཕྲག

萬

克立樸剌

མང་པོ

多

忙播

ཉུང

少

農

སྲང་གཅིག

一兩

思浪扛

རྒྱ་མ་གཅིག

一斤

兒甲麻扛

སྣ་གཅིག

一件

思納治

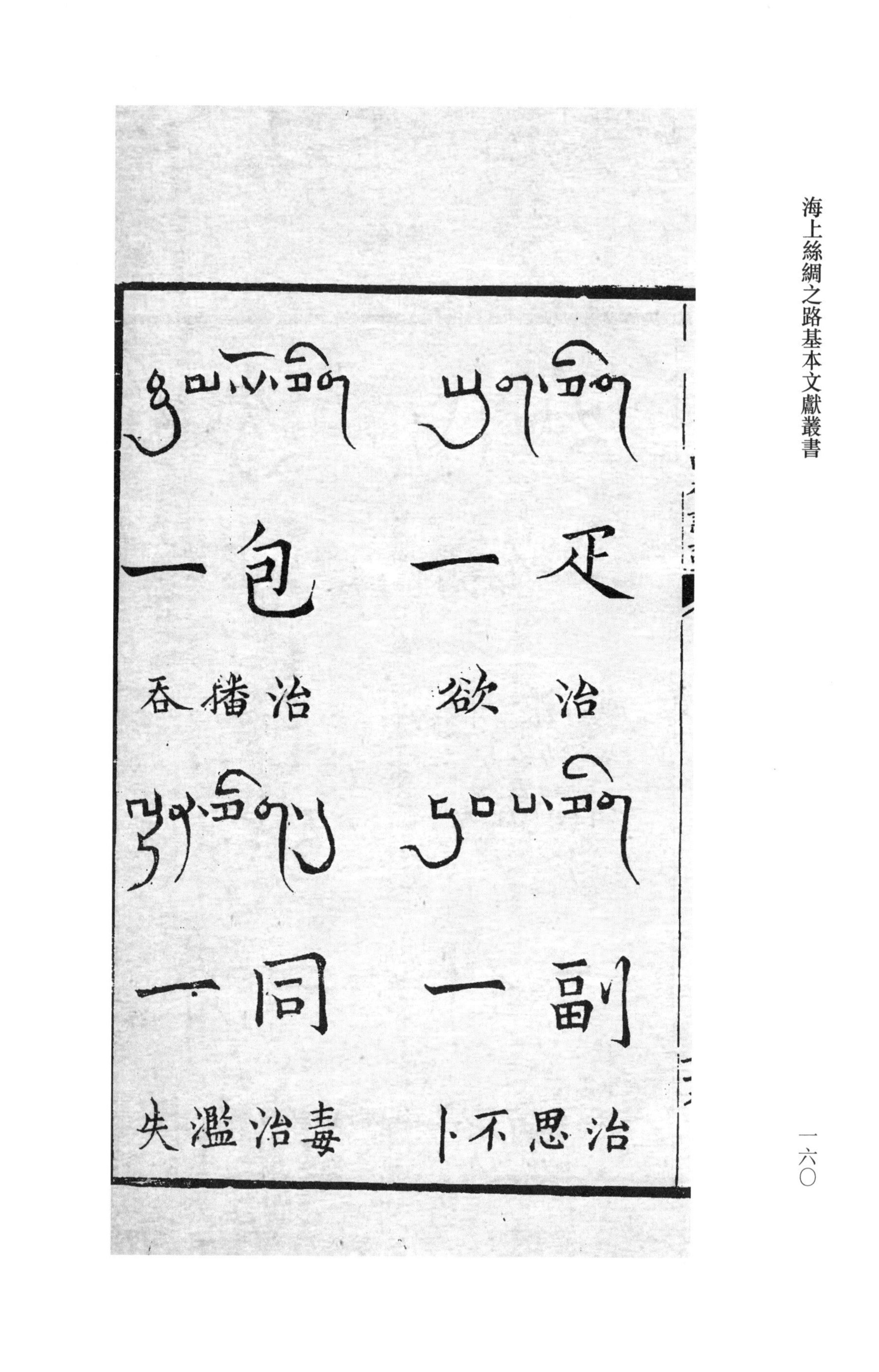

一疋
欲治

一副
卜不思治

一包
吞播治

一同
失濫治毒

人事門

ང
我
額

ཁྱོད
你
却

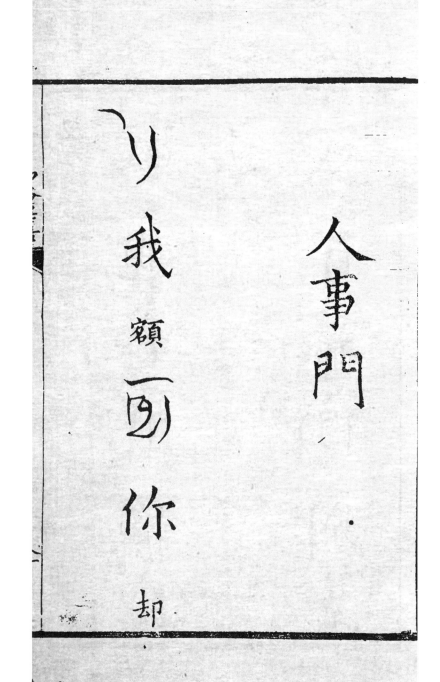

叵他空叭誰扛

八自郎哵別然

གར

舞

葛兒

གླུ་བླངས

唱

路卜郎思

དགའ་བ

喜

耳葛瓦

ཕྱག་འཚལ

拜敬

斜恩擦

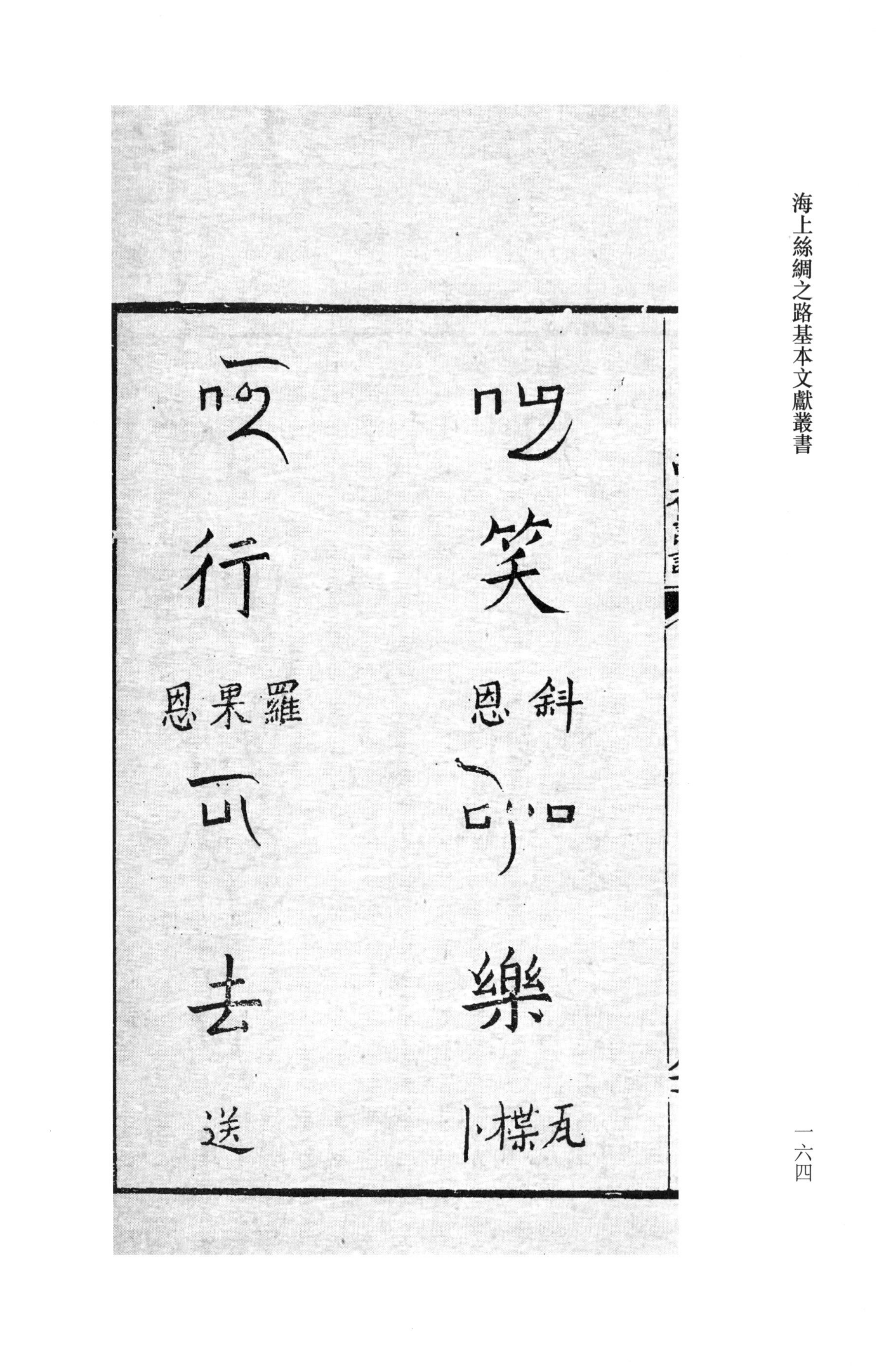

[illegible] 笑 斜恩

[illegible] 樂 瓦楪卜

[illegible] 行 羅果恩

[illegible] 去 送

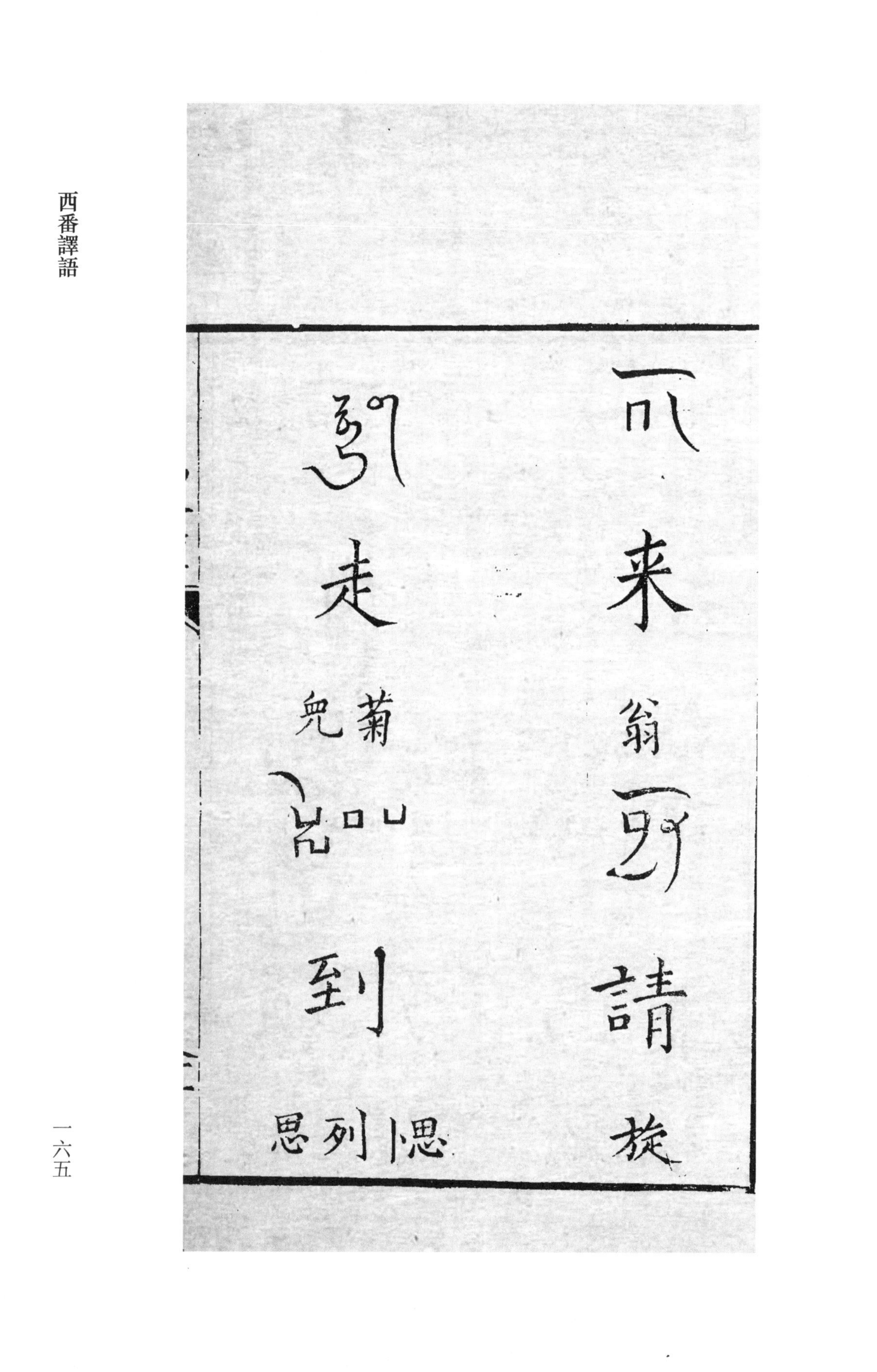

来 翁

請 旋

走 菊兒

到 愢列思

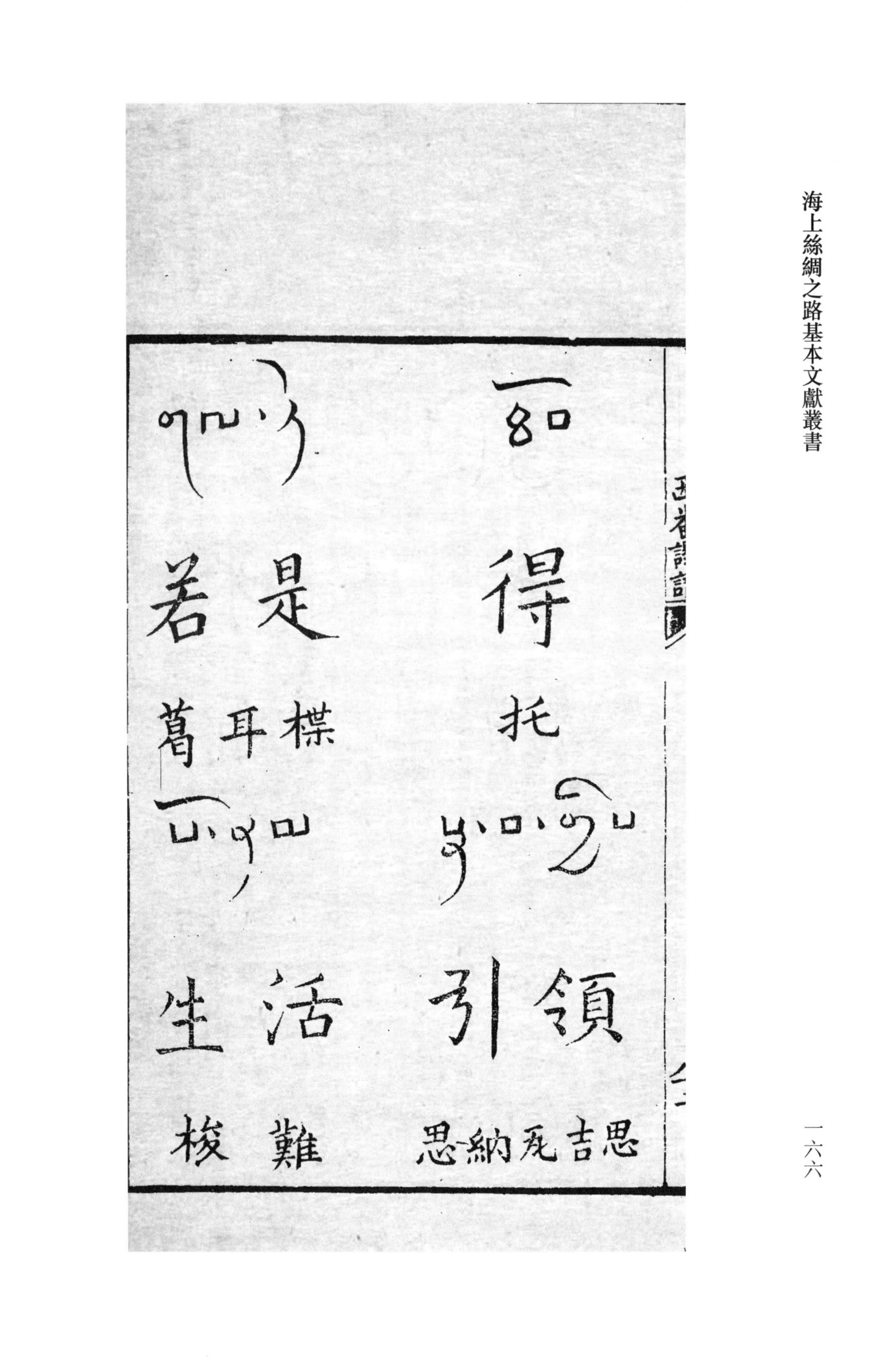

ཐོབ

得

托

ཡིན་ན

是若

楪耳葛

[illegible]

領引

思吉瓦納思

གསོན་པ

活生

難梭

ལས་ཀ
職事
勒思葛

འཚོལ
尋
錯耳

ལས་ཁུངས
襲職
勒思葛兜菊

ལངས
起
郎思

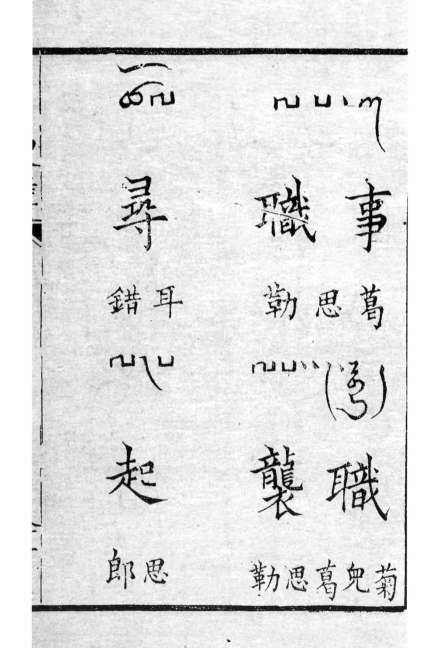

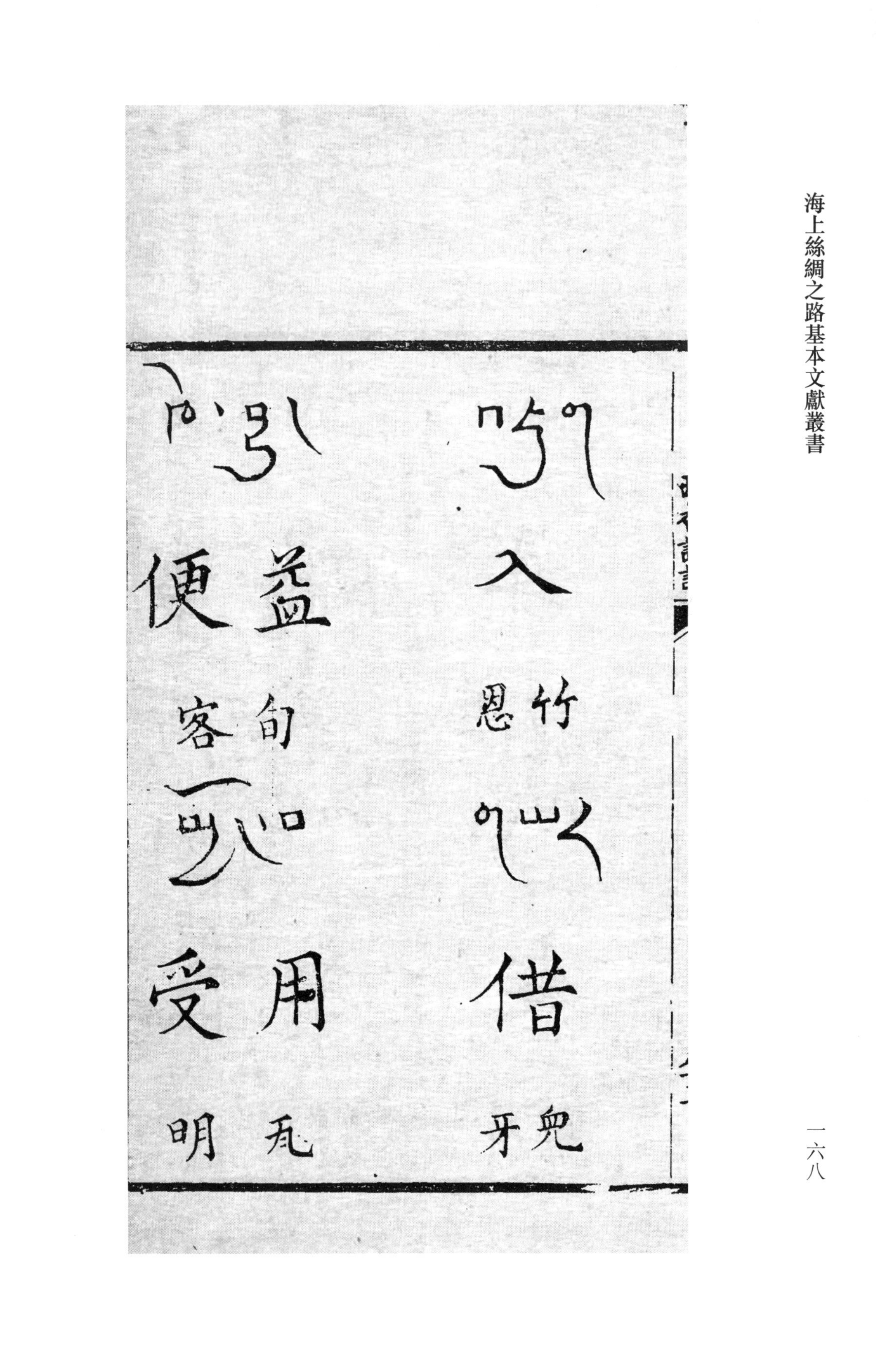

入 竹恩

益 旬

便 客

借 兜牙

用 瓦

受 明

ཤེས
知
思舍

གནས
在
毒恩

ཉན
肯
年渴

ཞུ
告
瓦熱

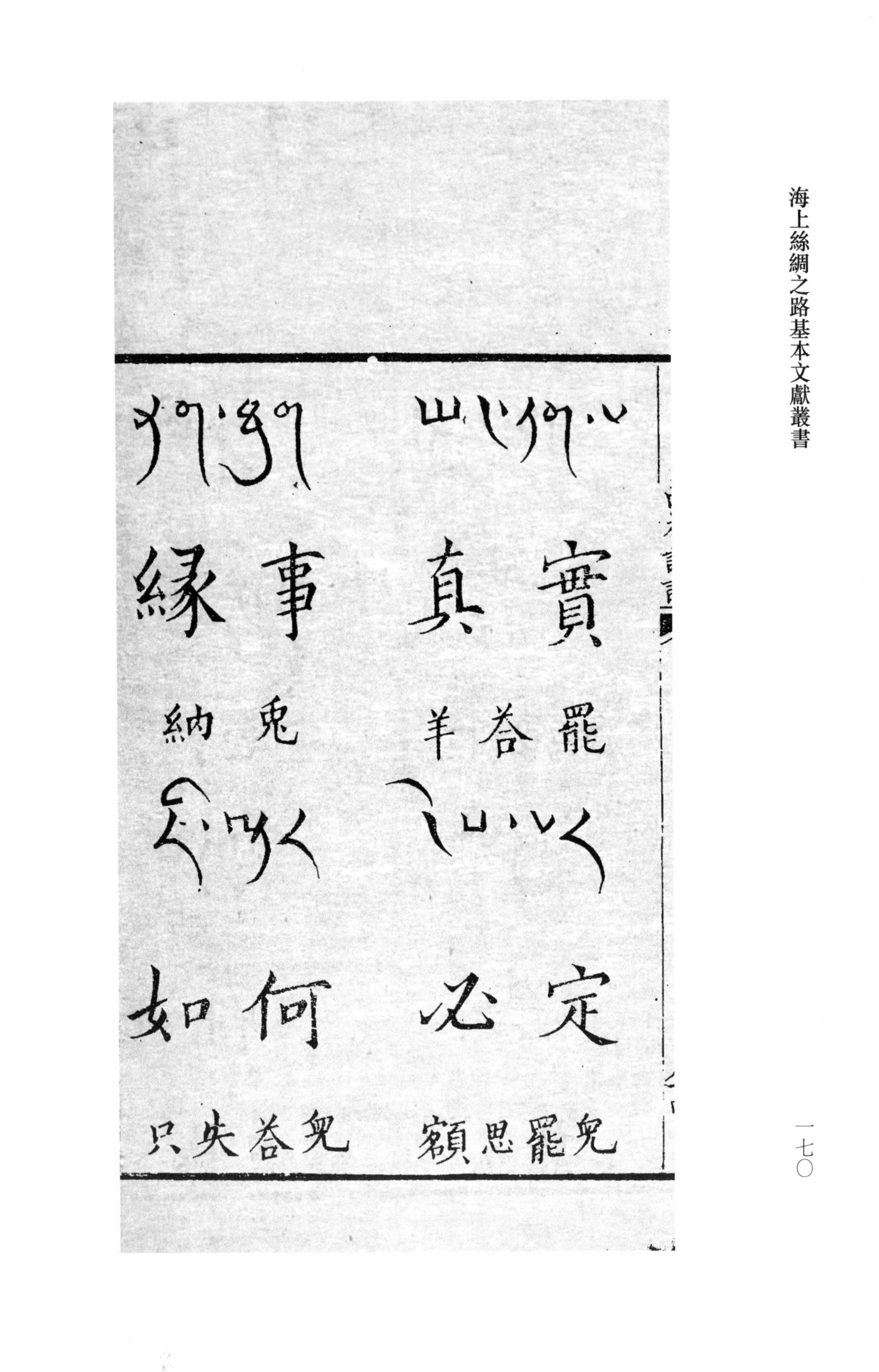

緣事　真實

納兎　羊咨罷

如何　必定

只失咨兒　額思羅兒

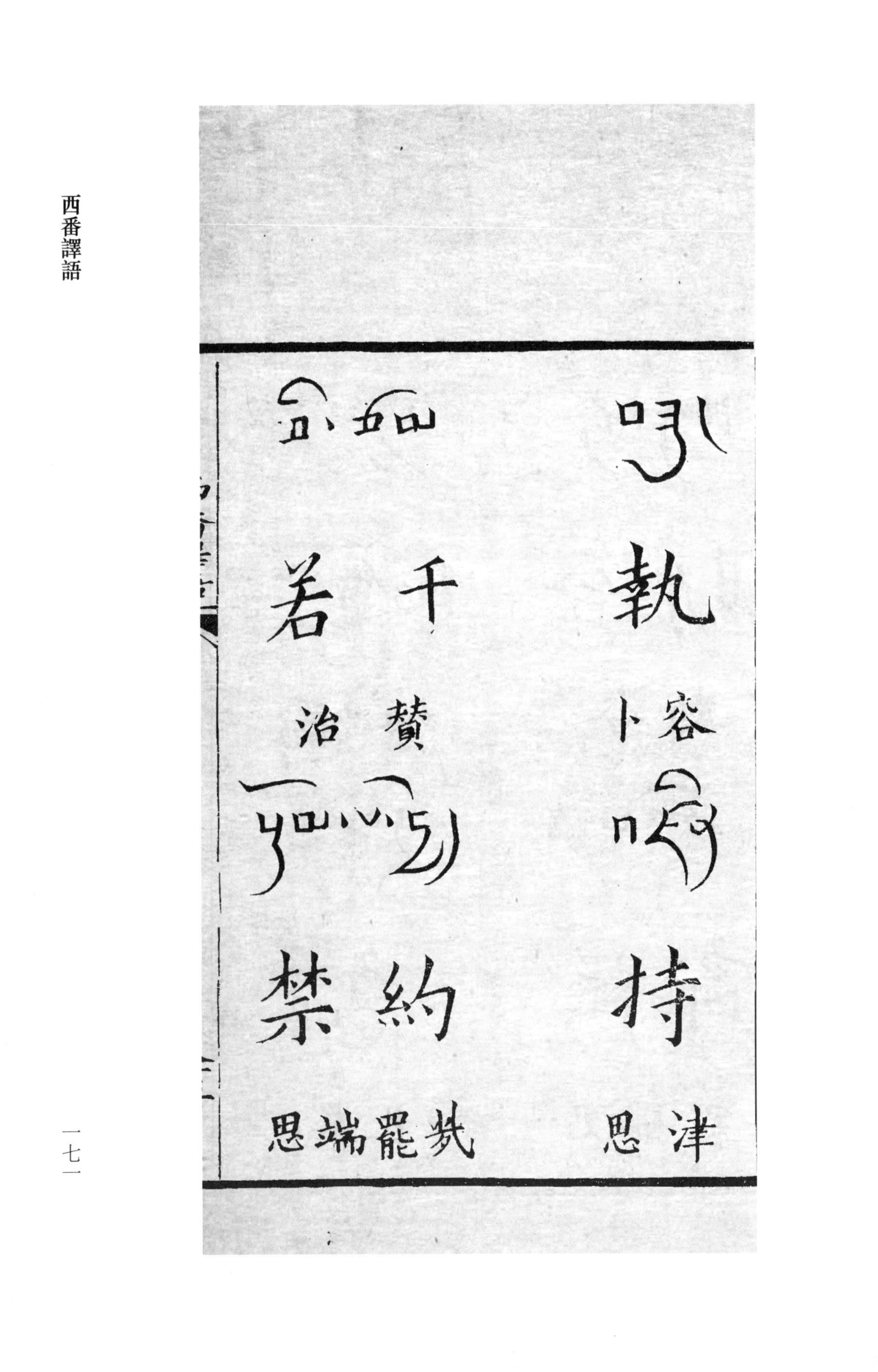

執
容卜

持
津思

千
贊

約
㚘罷

若
治

禁
端思

遲

細思罷

急

扎罷

勘合

勘合

商議

果羅思

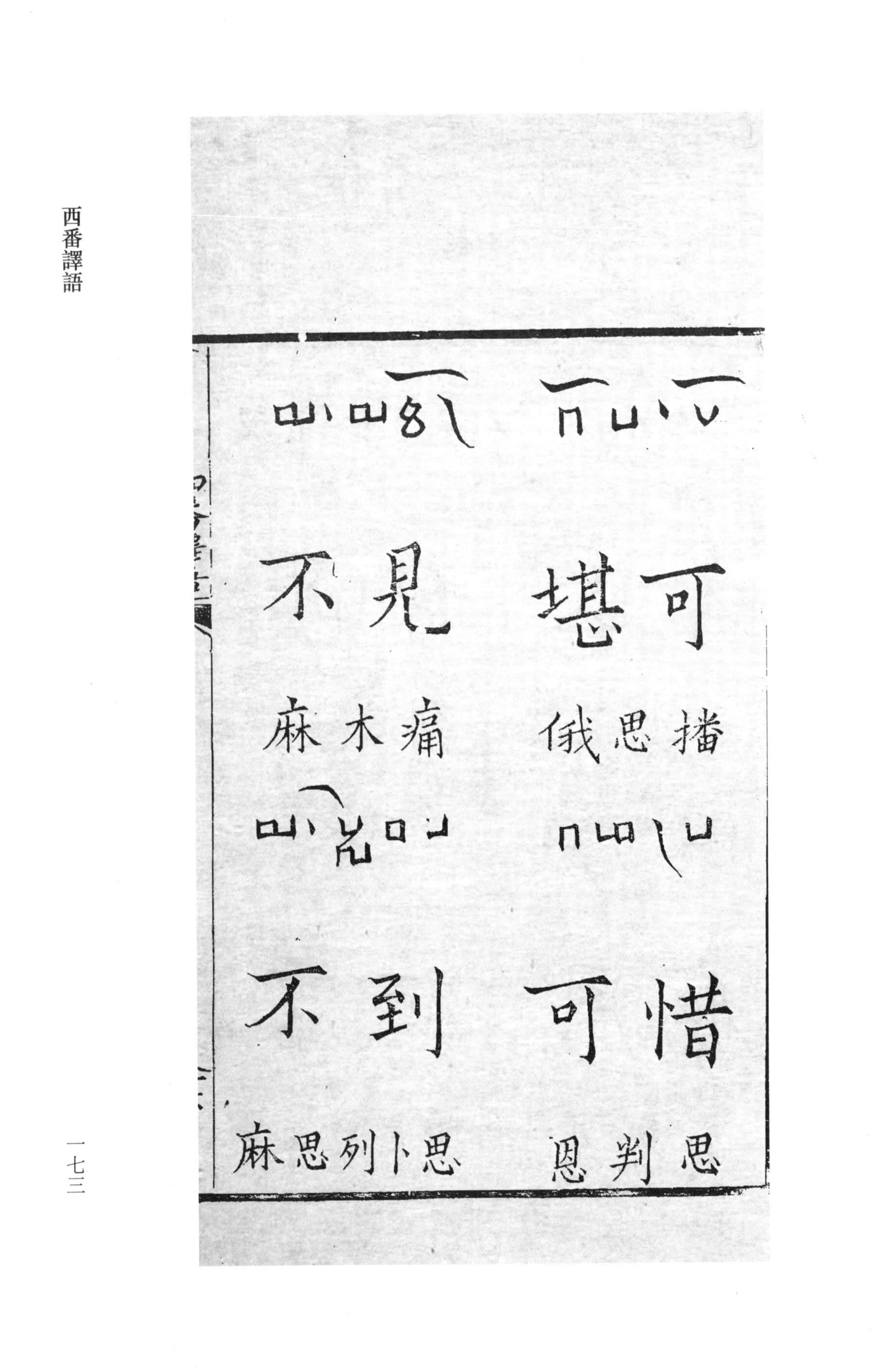

不見　堪可

麻木痛　俄思播

不到　可惜

麻思列卜思　恩判思

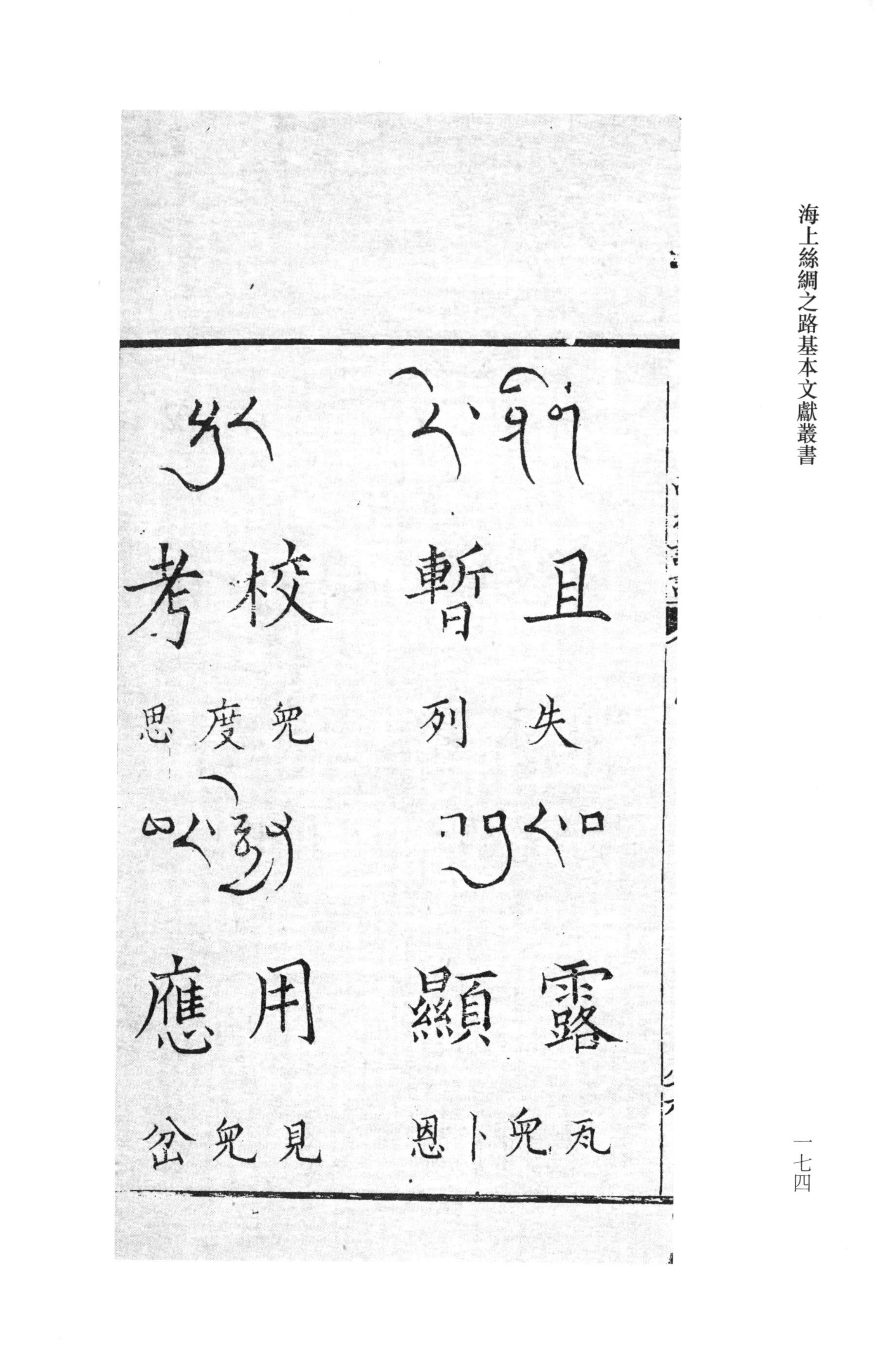

暫且
列失

考校
思度兒

顯露
恩卜兒瓦

應用
岔兒見

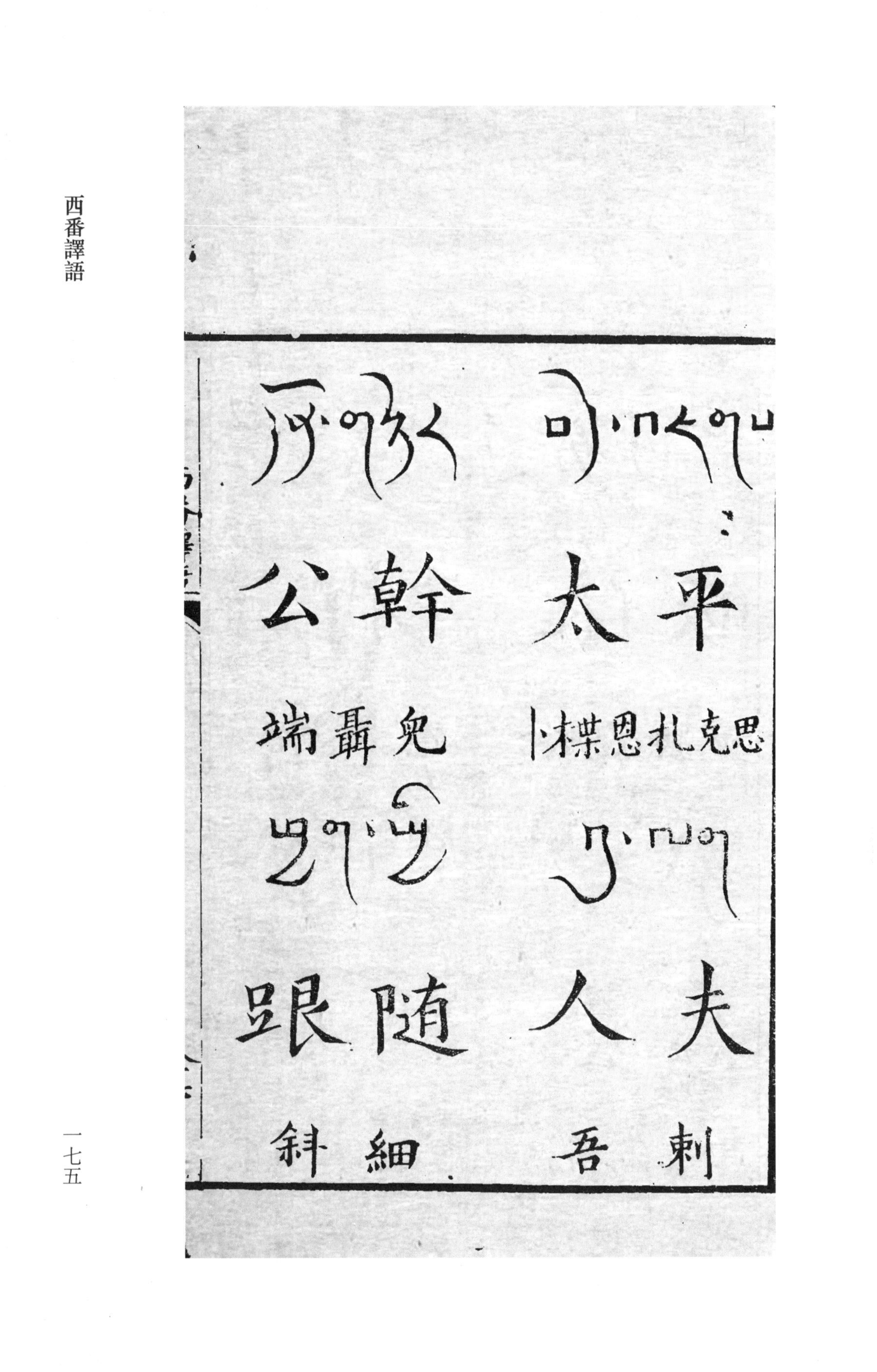

太平

卜楪恩扎克思

公幹

端聶兒

人夫

吾刺

跟隨

細斜

打

本兜凍

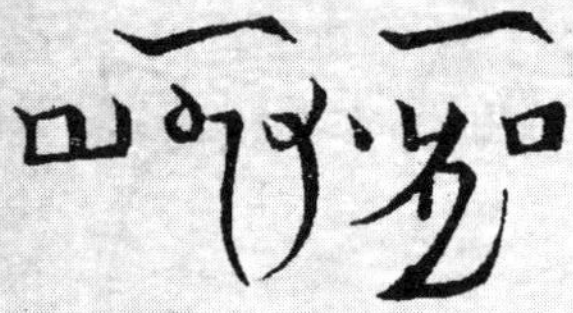

皈依

母觀思脚

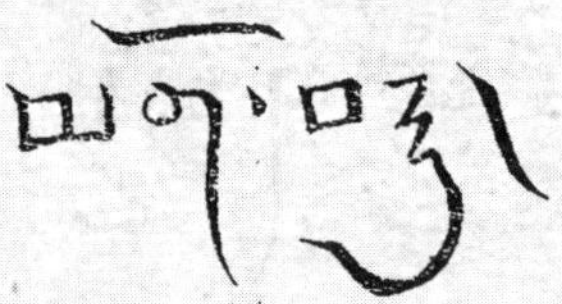

叩頭

母郭本兜凍

慈悲

思寧兜折思

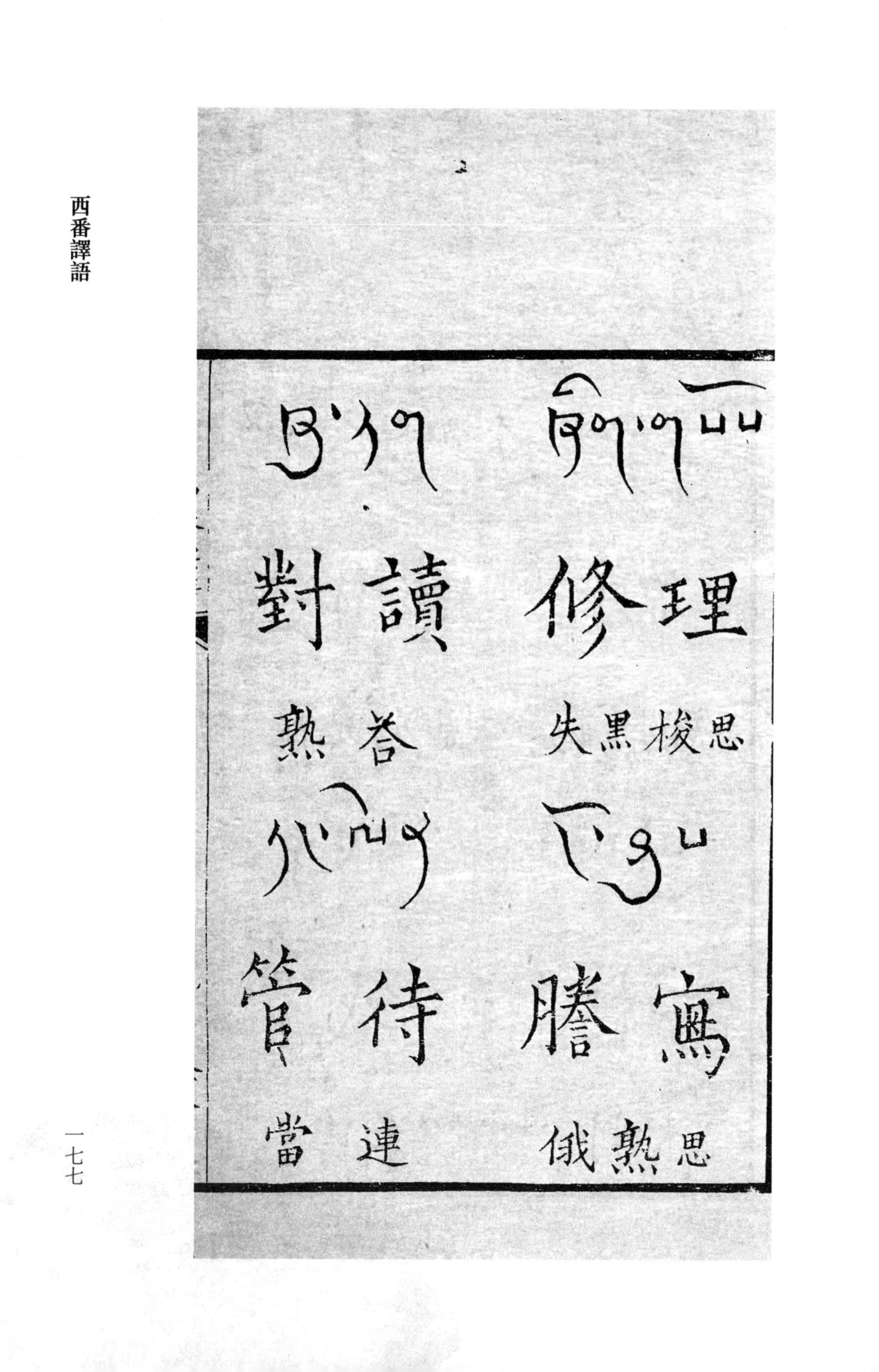

修理
失黑梭思

對讀
熟沓

謄寫
俄熟思

管待
當連

足豐

罷兜別恩

願

罷慢思

或

拿羊

就

剌木

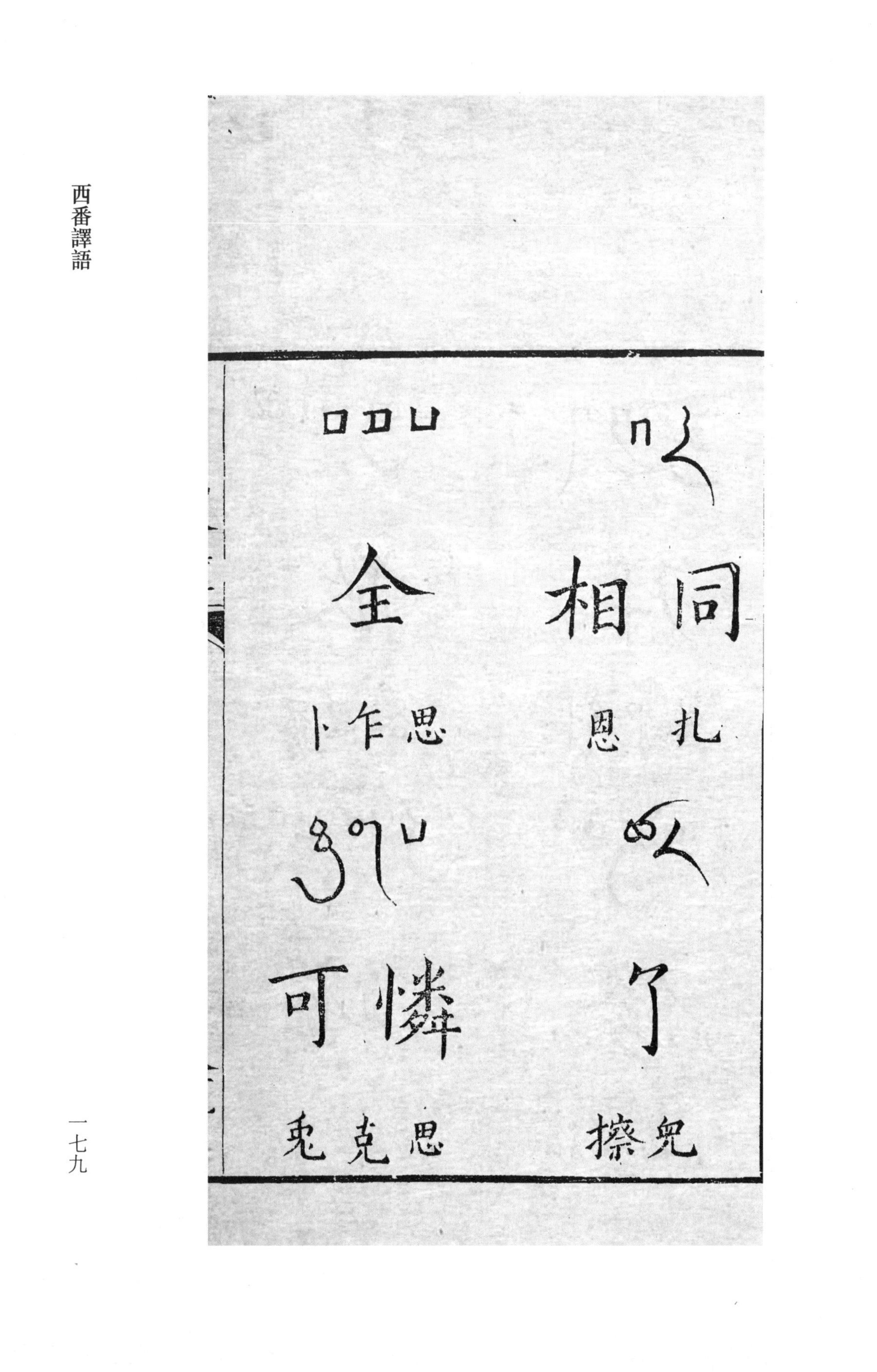

全　相　同

卜作思　思　扎

可憐　了

兎克思　擦兒

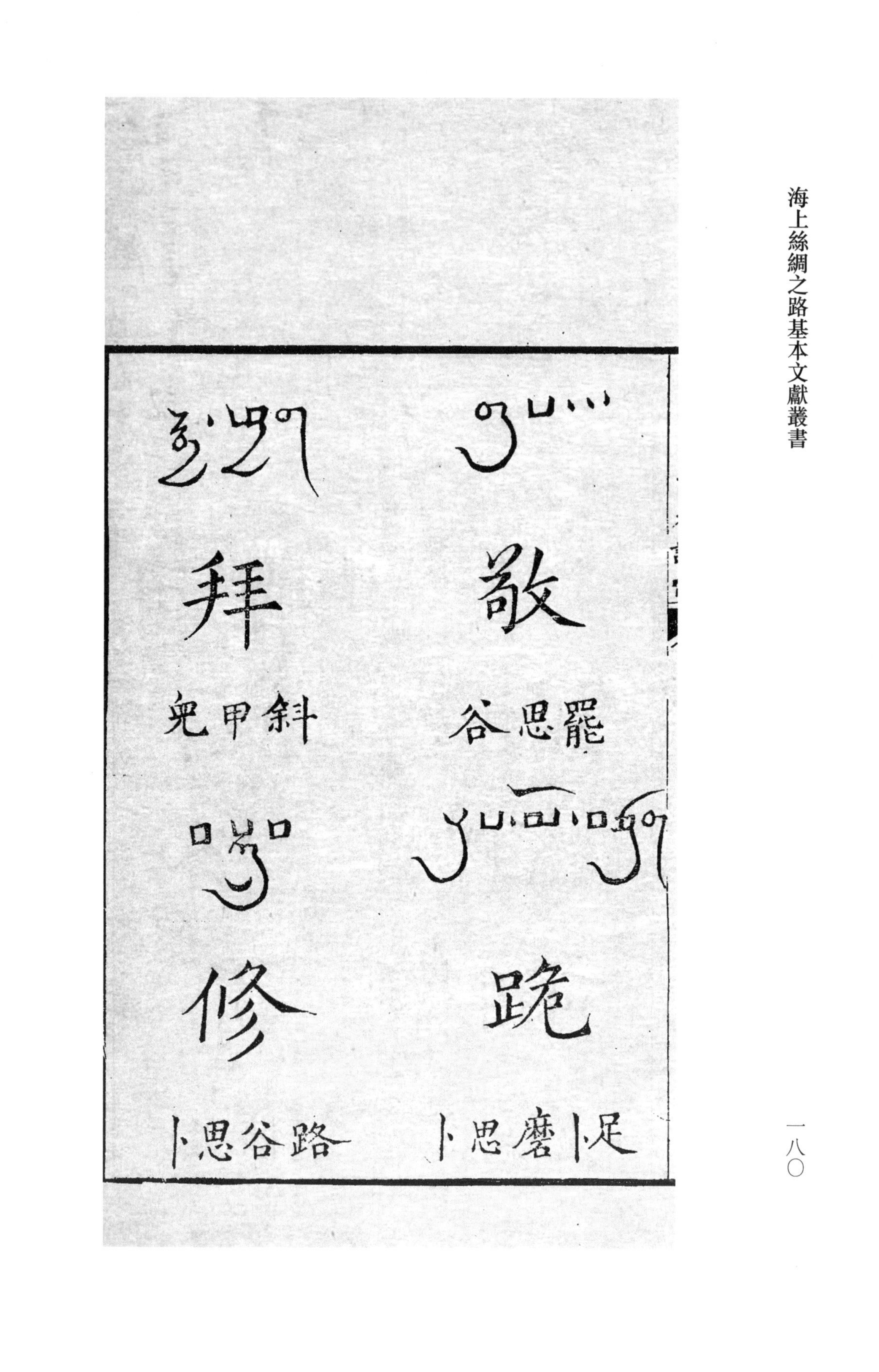

敬

罷思谷

跪

促磨思卜

拜

斜甲兜

修

路谷思卜

ཀུན 衆 棍
ལྡན 爲 刺端

རྟག 常 毒荅兜
དྲིན 恩 兵

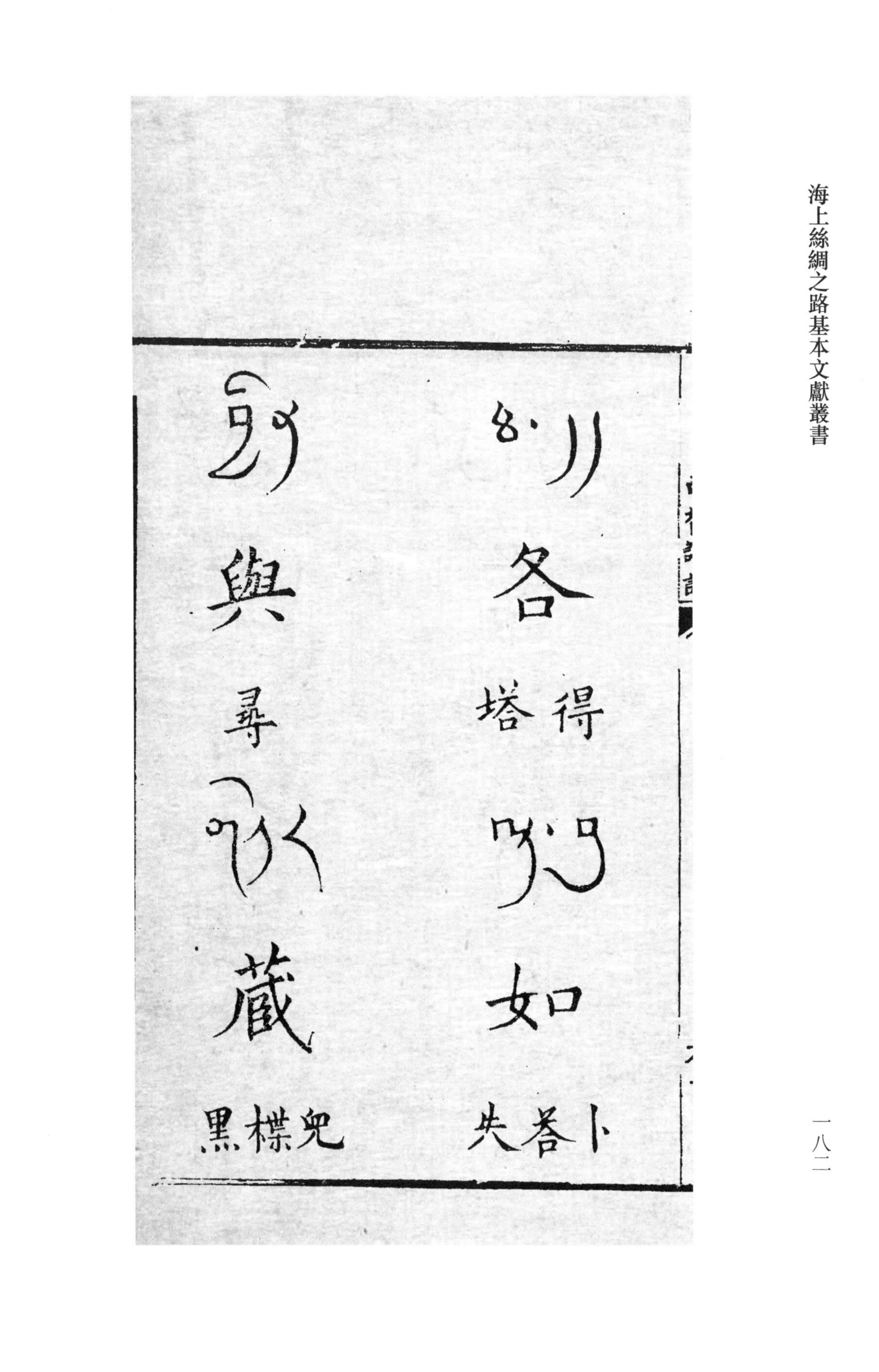

各
塔得

如
失荅卜

與
尋

藏
黑標兒

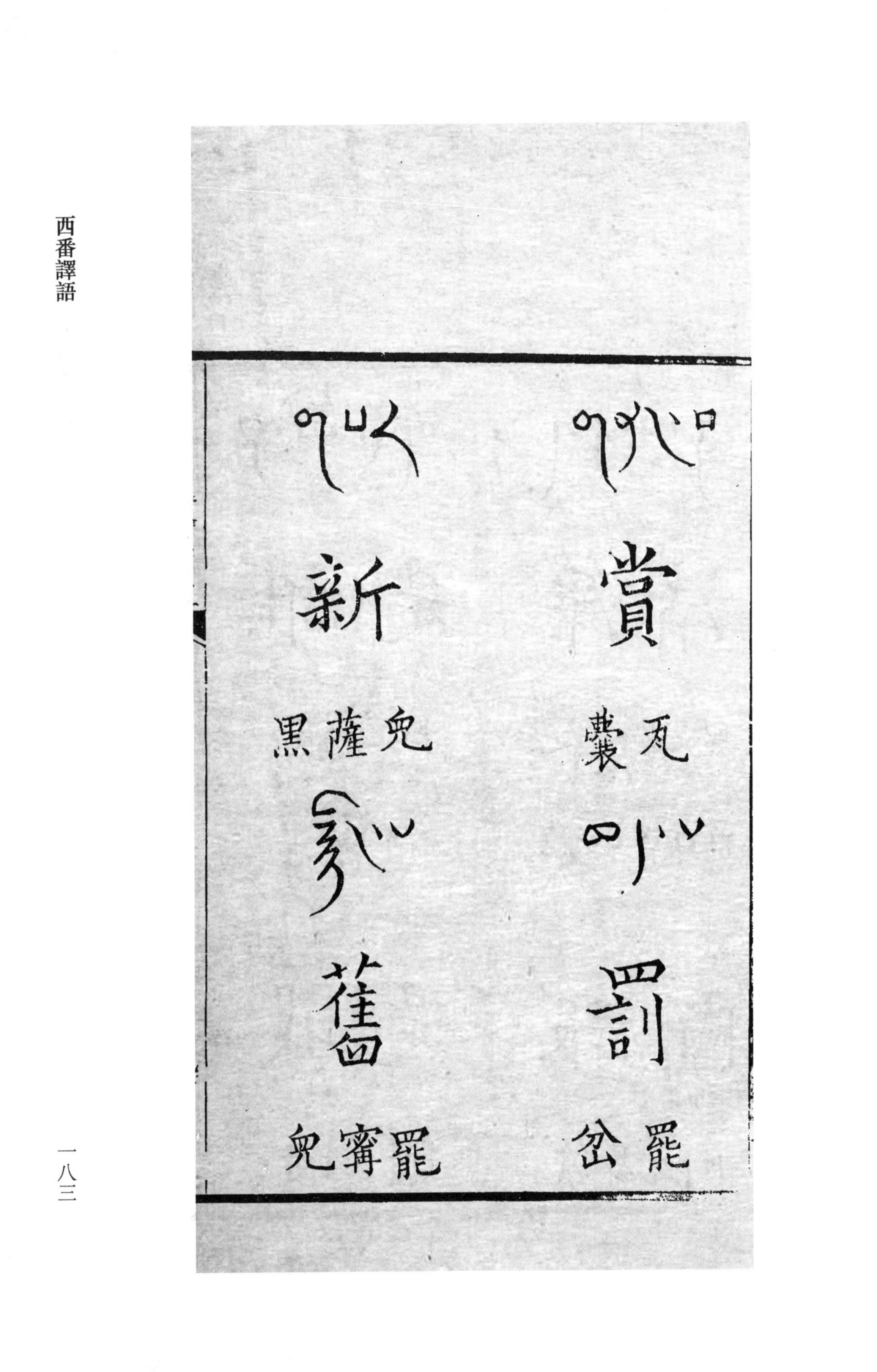

賞 囊瓦

罰 岔罷

新 黑薩兒

舊 兒寗罷

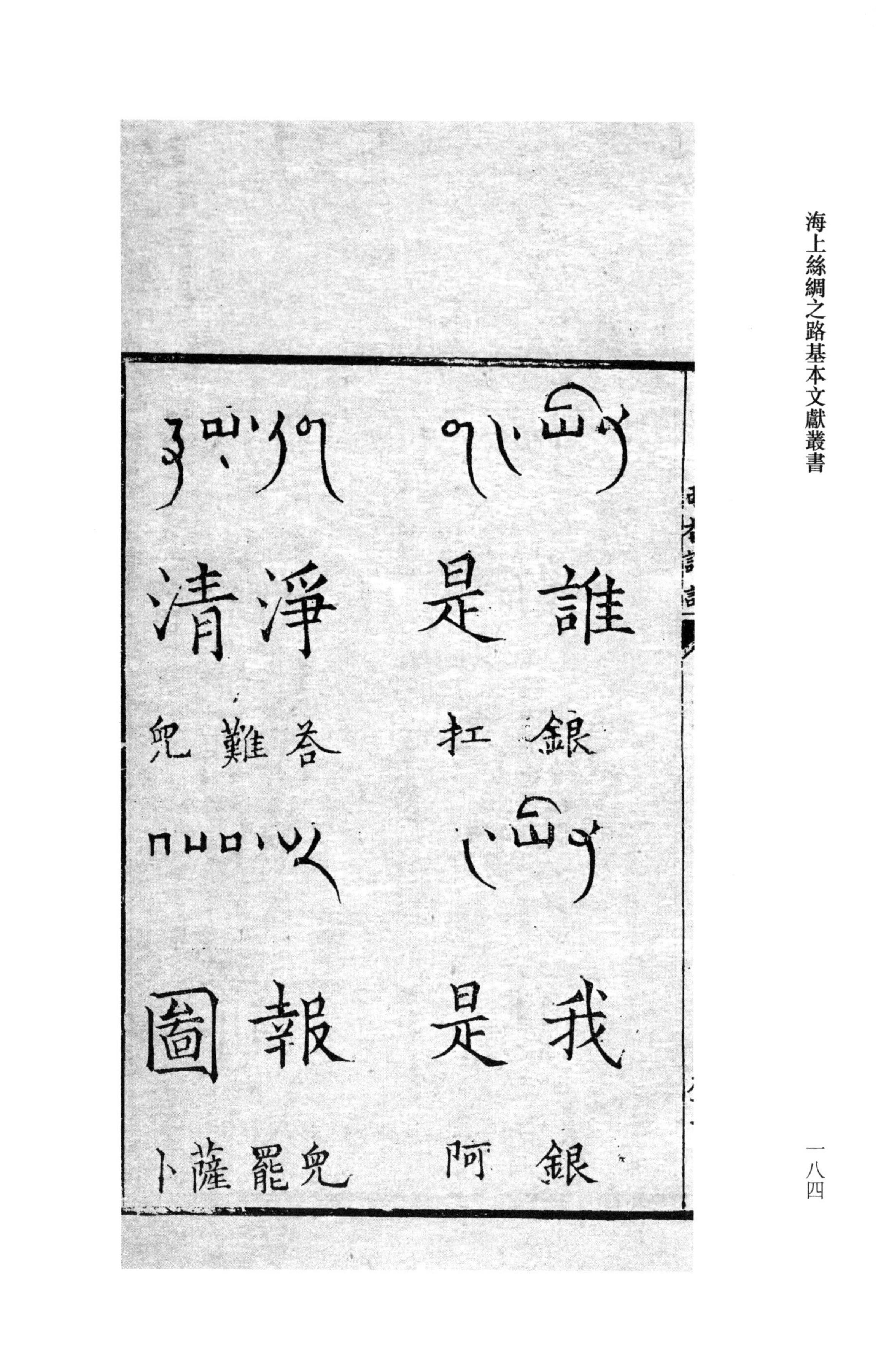

誰是　淨清

銀扛　答難兜

我是　報圖

銀阿　兜罷薩卜

བསྐུལ་བ

催促

卜思谷耳瓦

བཀག་འགོགས

阻當

卜葛恩郭克思

ལྷམ་གྱོན

穿靴

失濫倦

ཁྲབ་གྱོན

穿甲

克刺倦

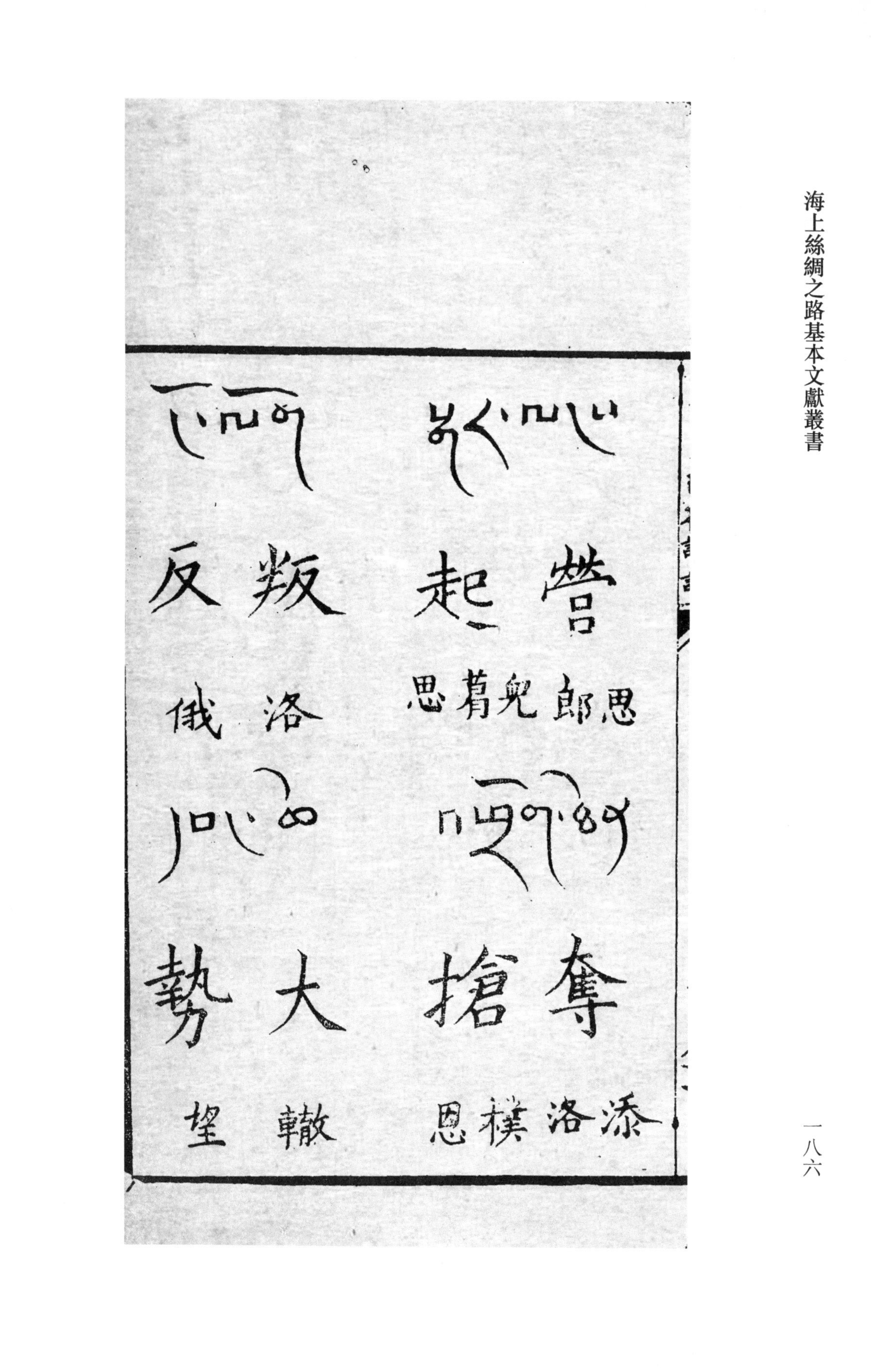

營起

思郎兒葛思

叛反

洛俄

奪搶

添洛樸思

大勢

轍望

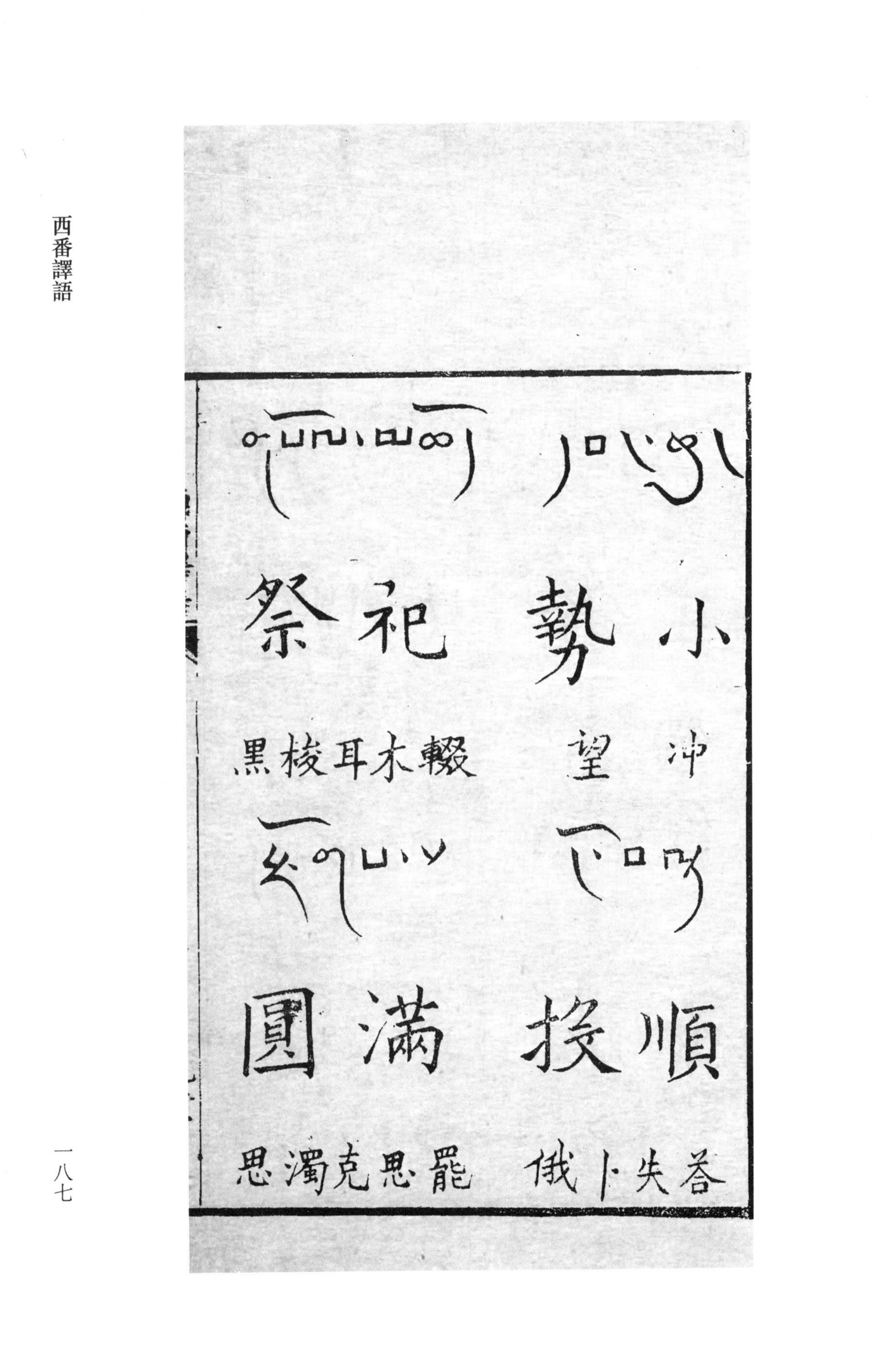

祭祀

黑梭耳木輟

勢小

望沖

圓滿

思濁克思罷

捘順

俄卜失答

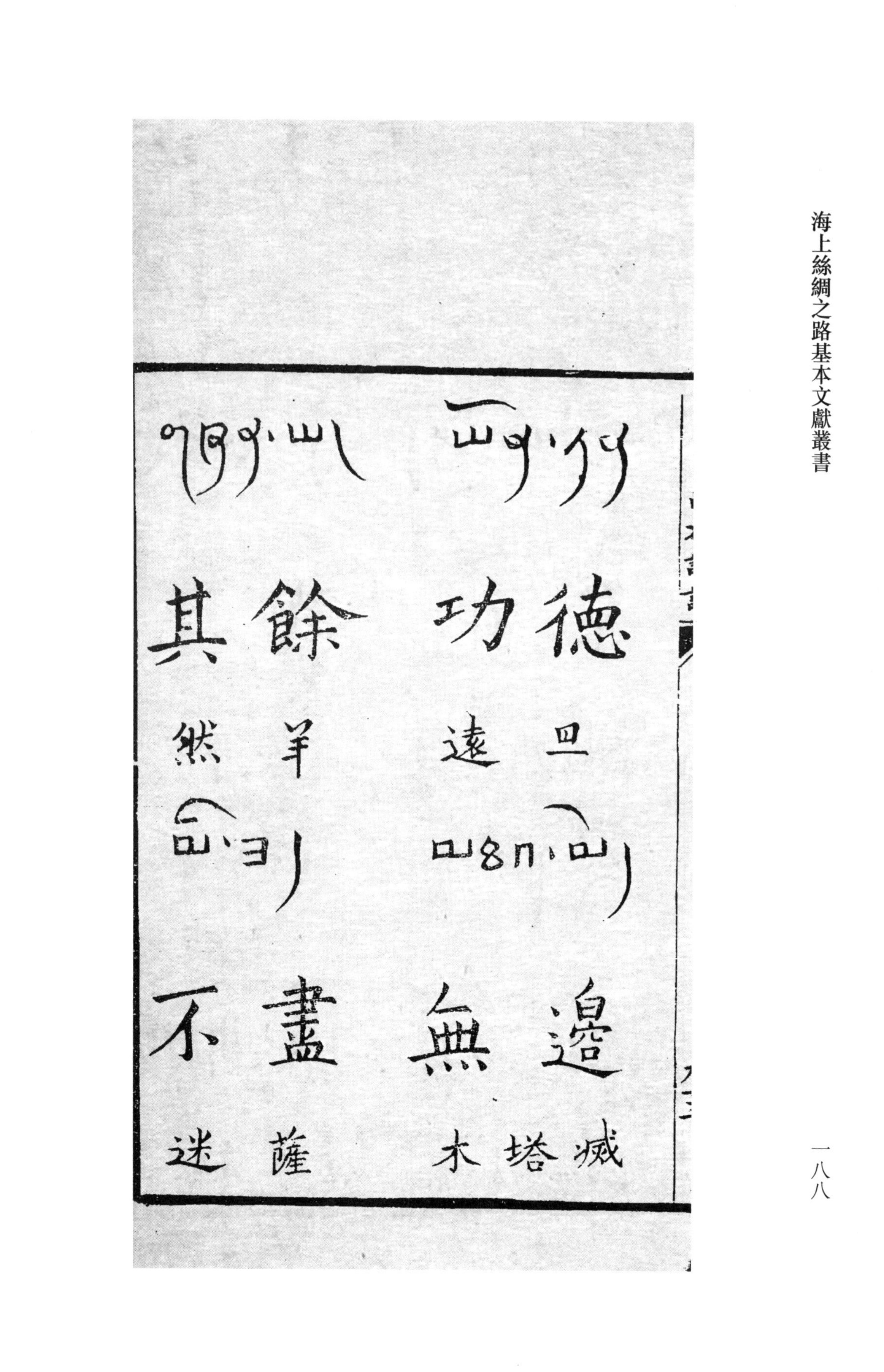

功德
遠　回
無邊
木　塔　滅

其餘
然　羊
不盡
迷　薩

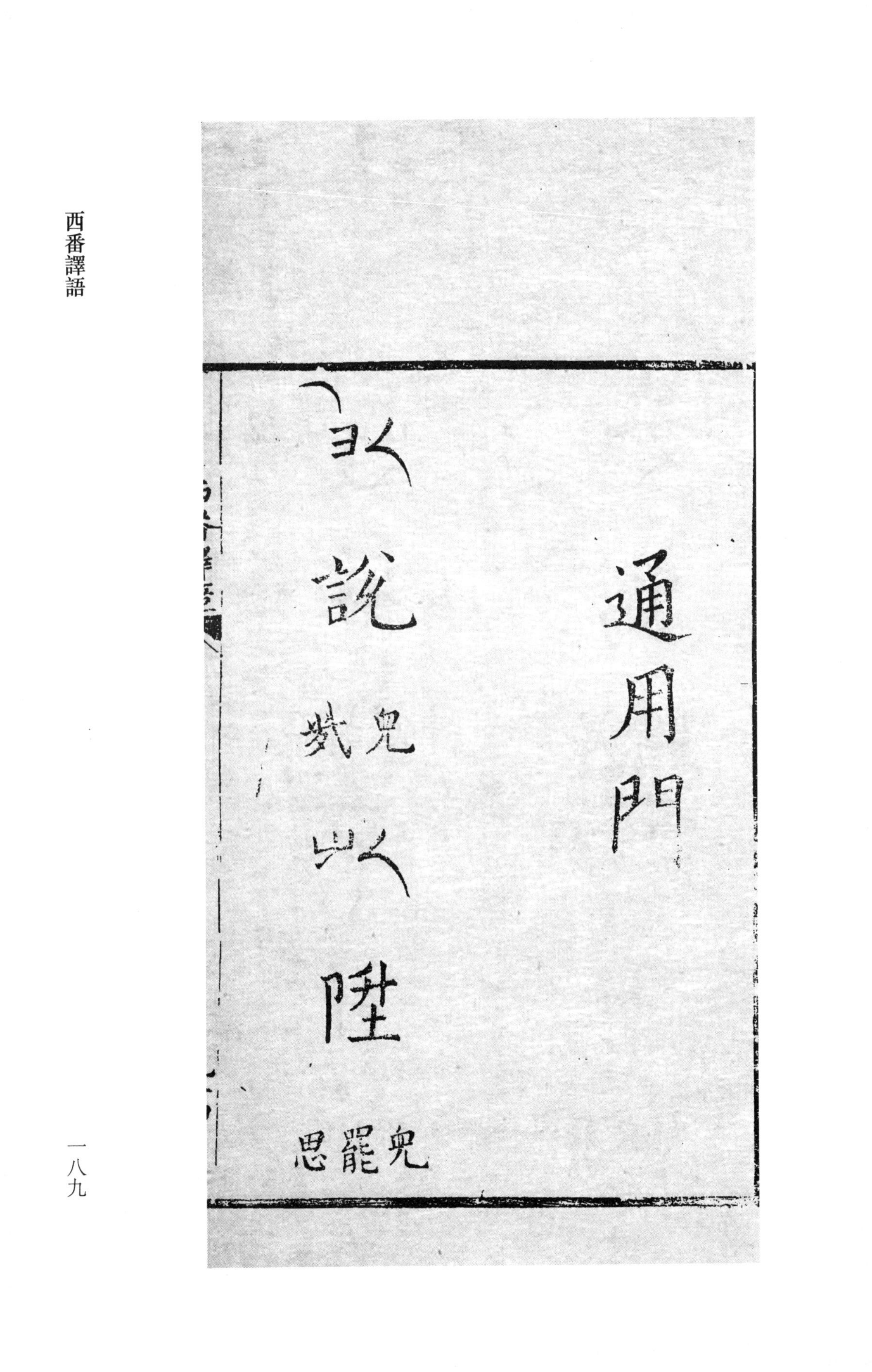

通用門

ཟེར
說
兒 㪍

ཡར
陞
兜 龍 思

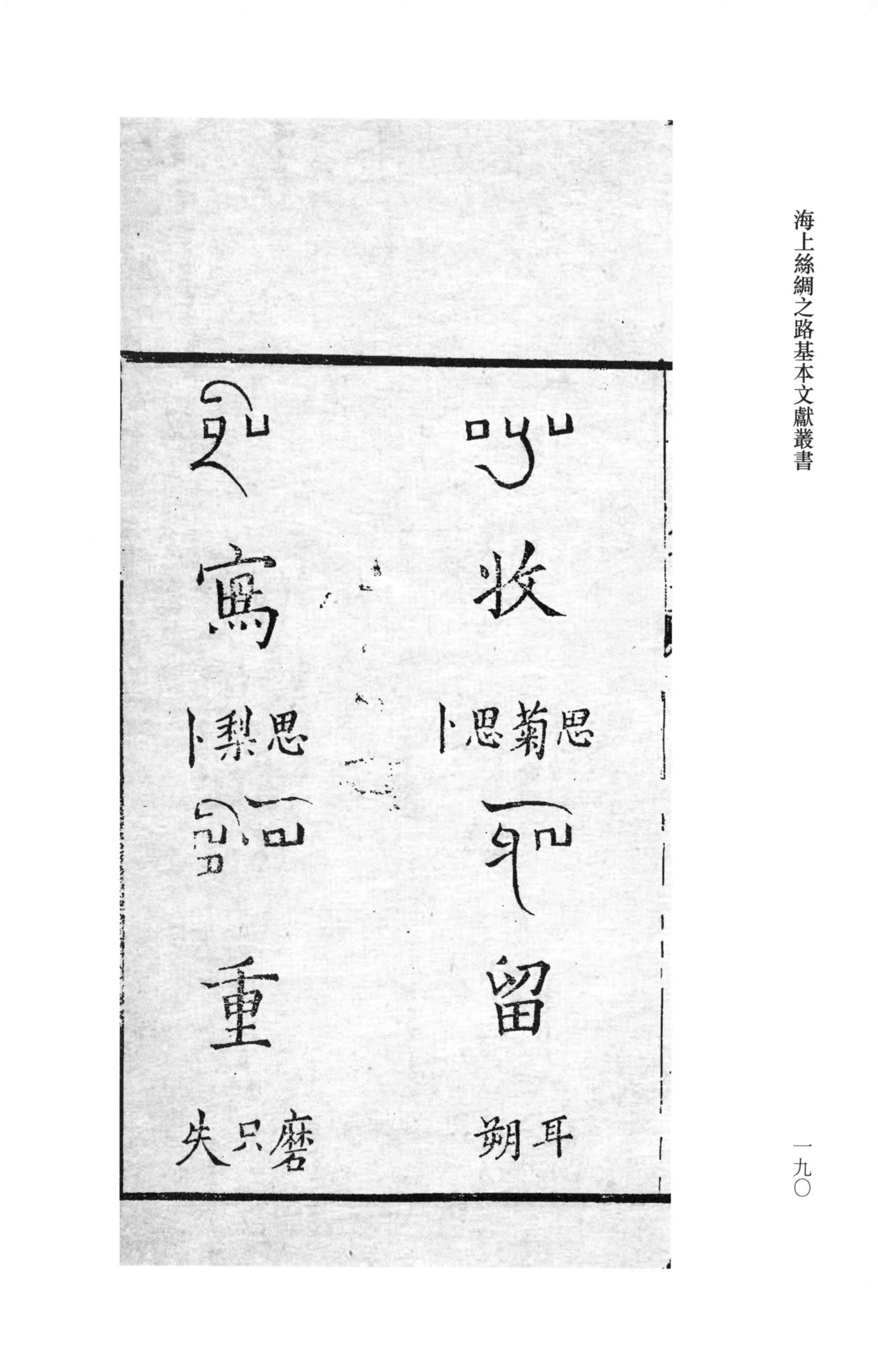

收 思菊思卜 留 耳朔

寓 思梨卜 重 磨只失

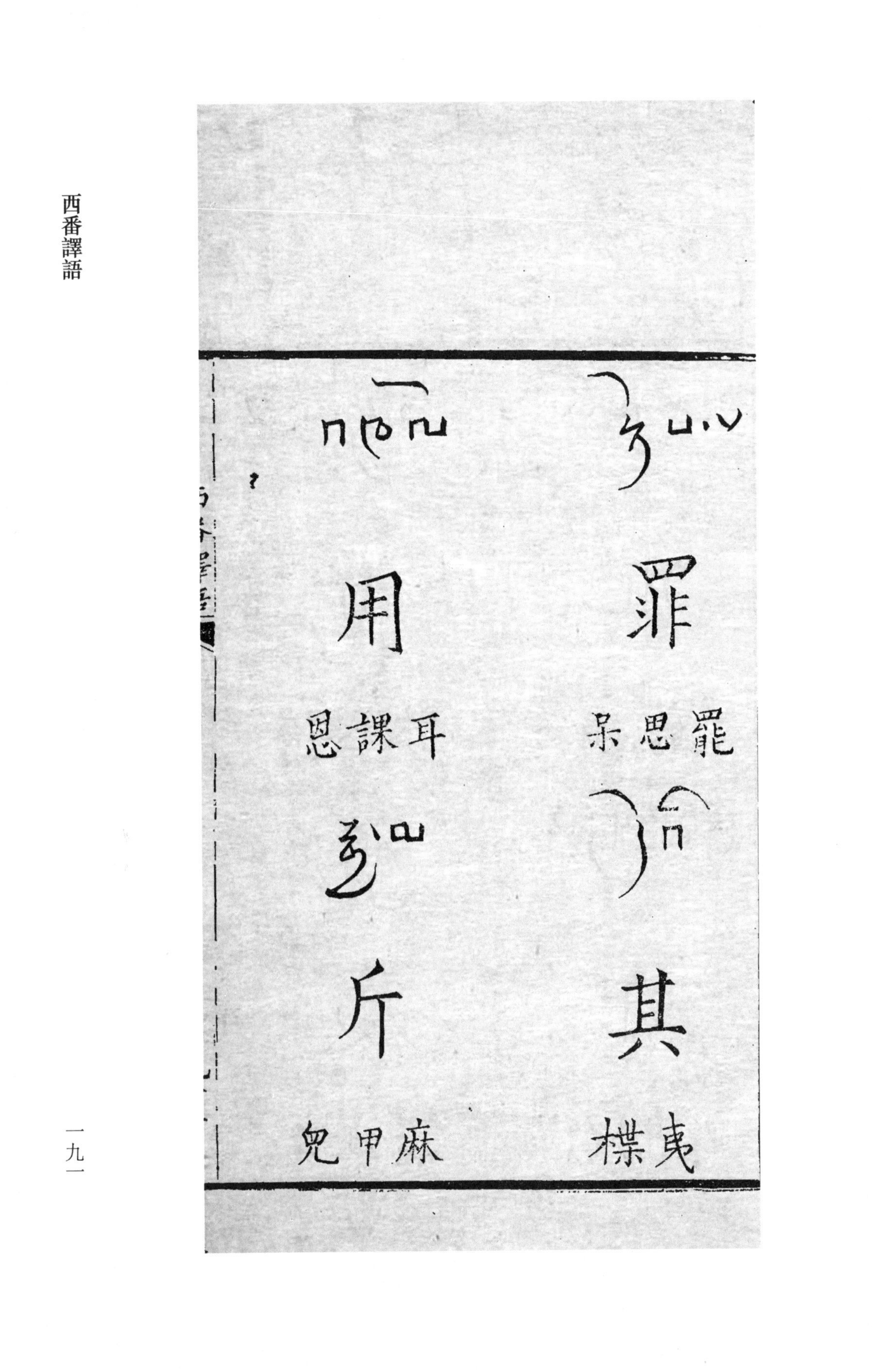

罪

罷思呆

其

衷楪

用

耳課恩

斤

麻甲兒

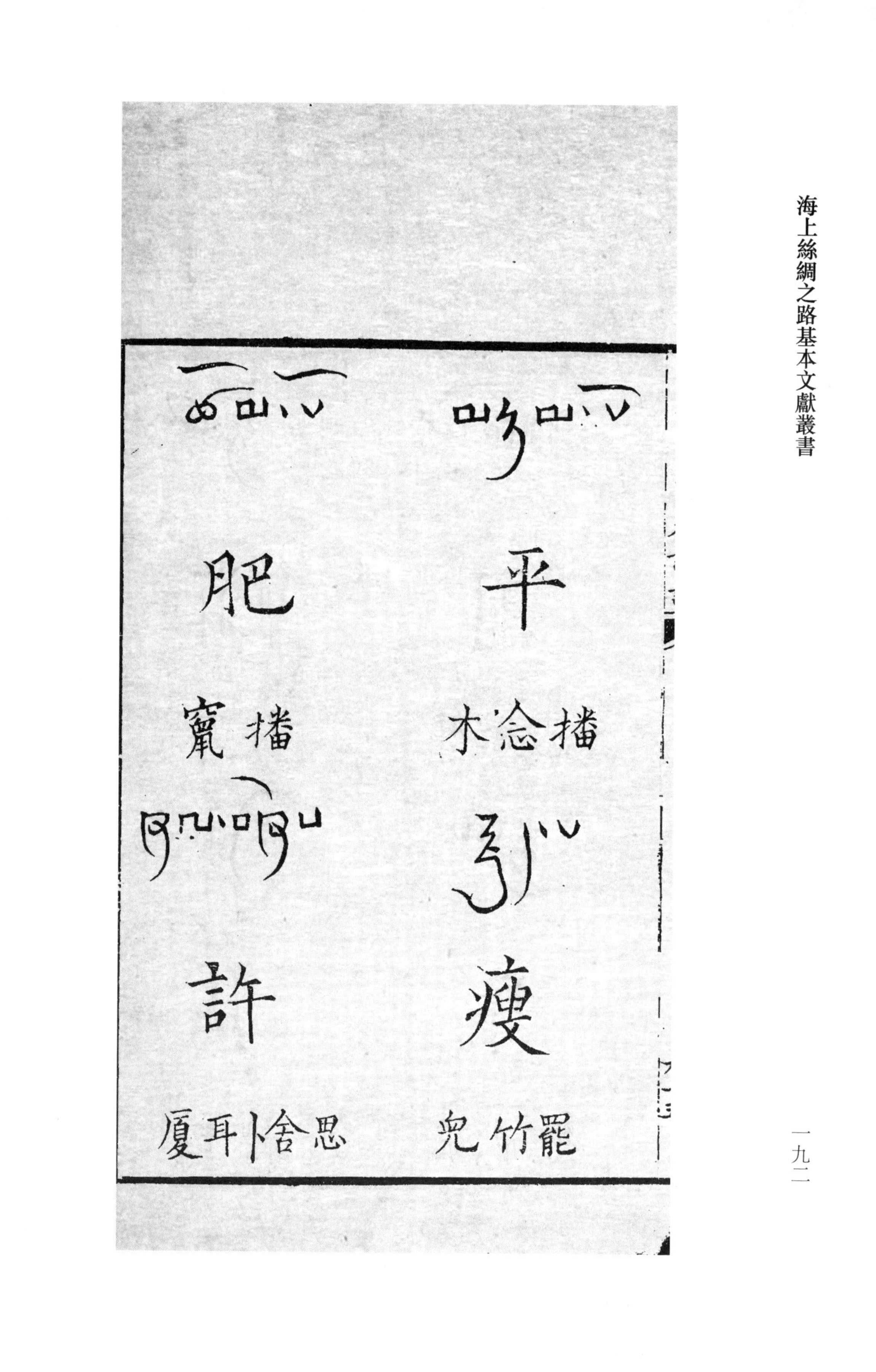

平

播念木

瘦

罷竹兜

肥

播竄

許

思舍卜耳廈

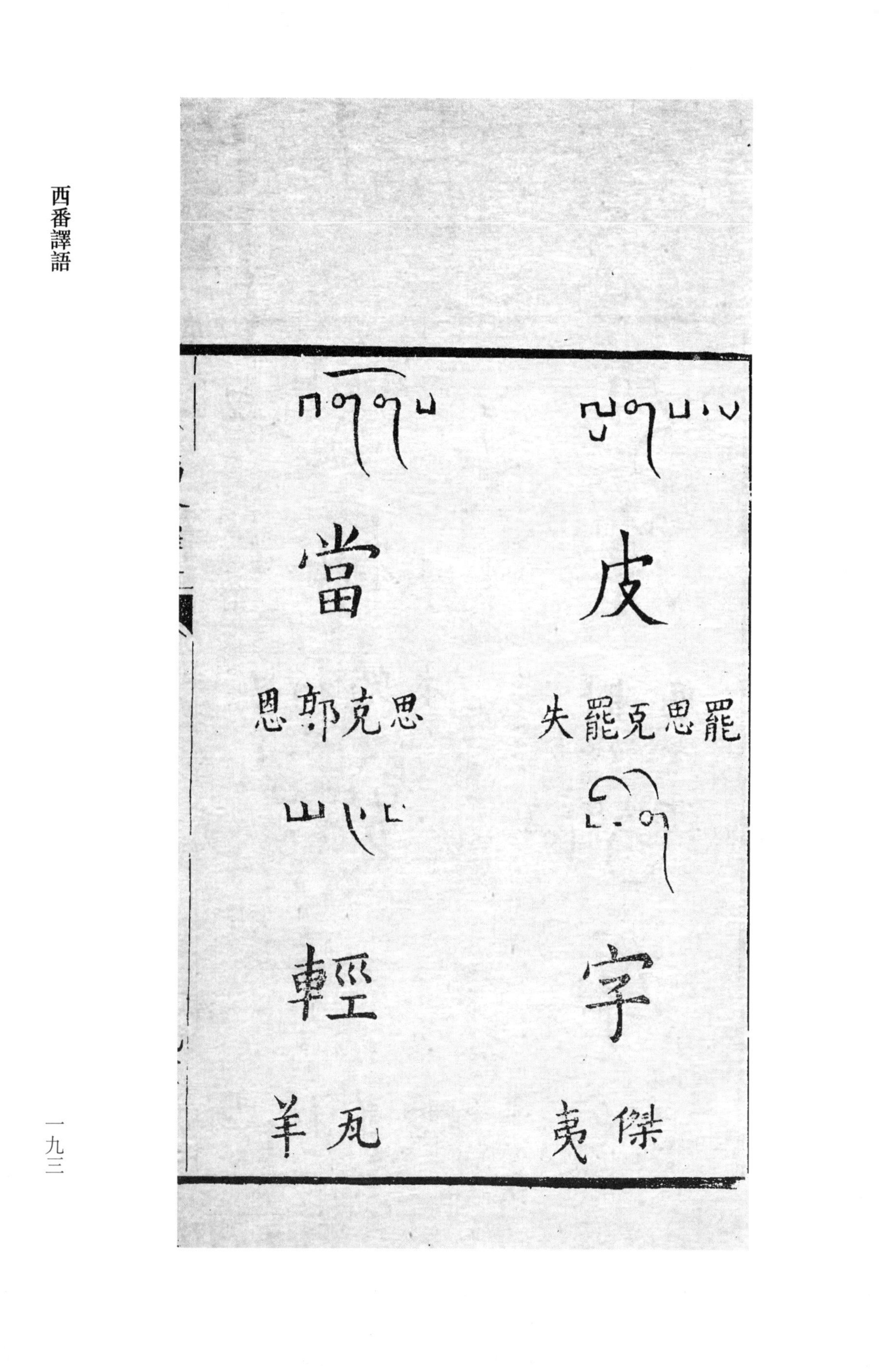

皮

罷思克罷失

字

傑夷

當

思克郎思

輕

瓦羊

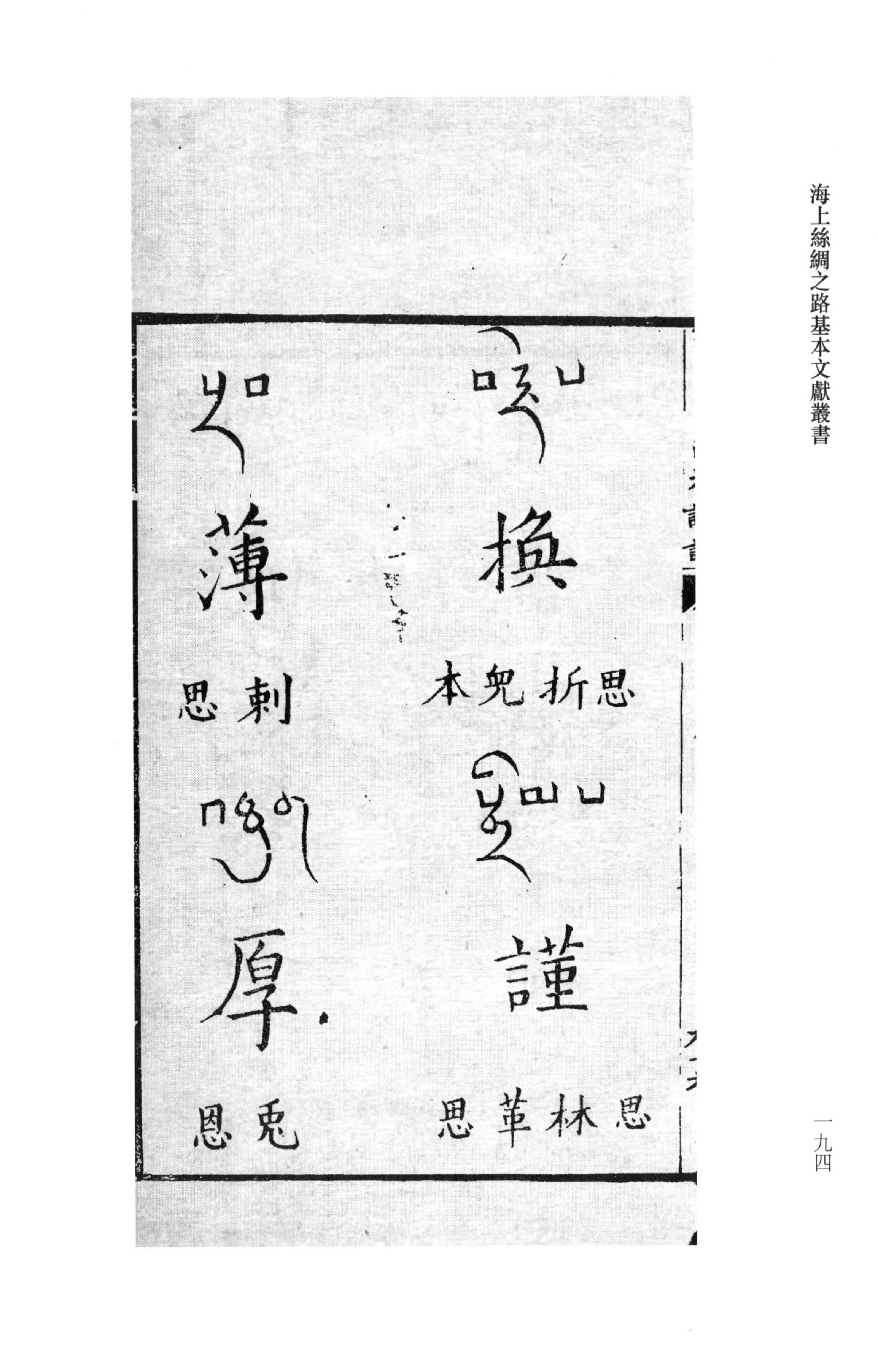

換

思折兜本

謹

恩林革思

薄

剌思

厚

兎恩

སྲོལ་བཞིན　ཀོ་རྒོད

照例　生畨

思洛耳卜仁毒　播兒郭

མདོ་ཁམས　མི་ཉན

朶甘　不聽

母奪看思　麻年

གསེར་ཤོག
金箔
黑謝兒朔

བོད་ཀྱི
西番
播吉

དངུལ་ཤོག
銀箔
物耳朔

ཆེ་ཆུང
大小
轍冲

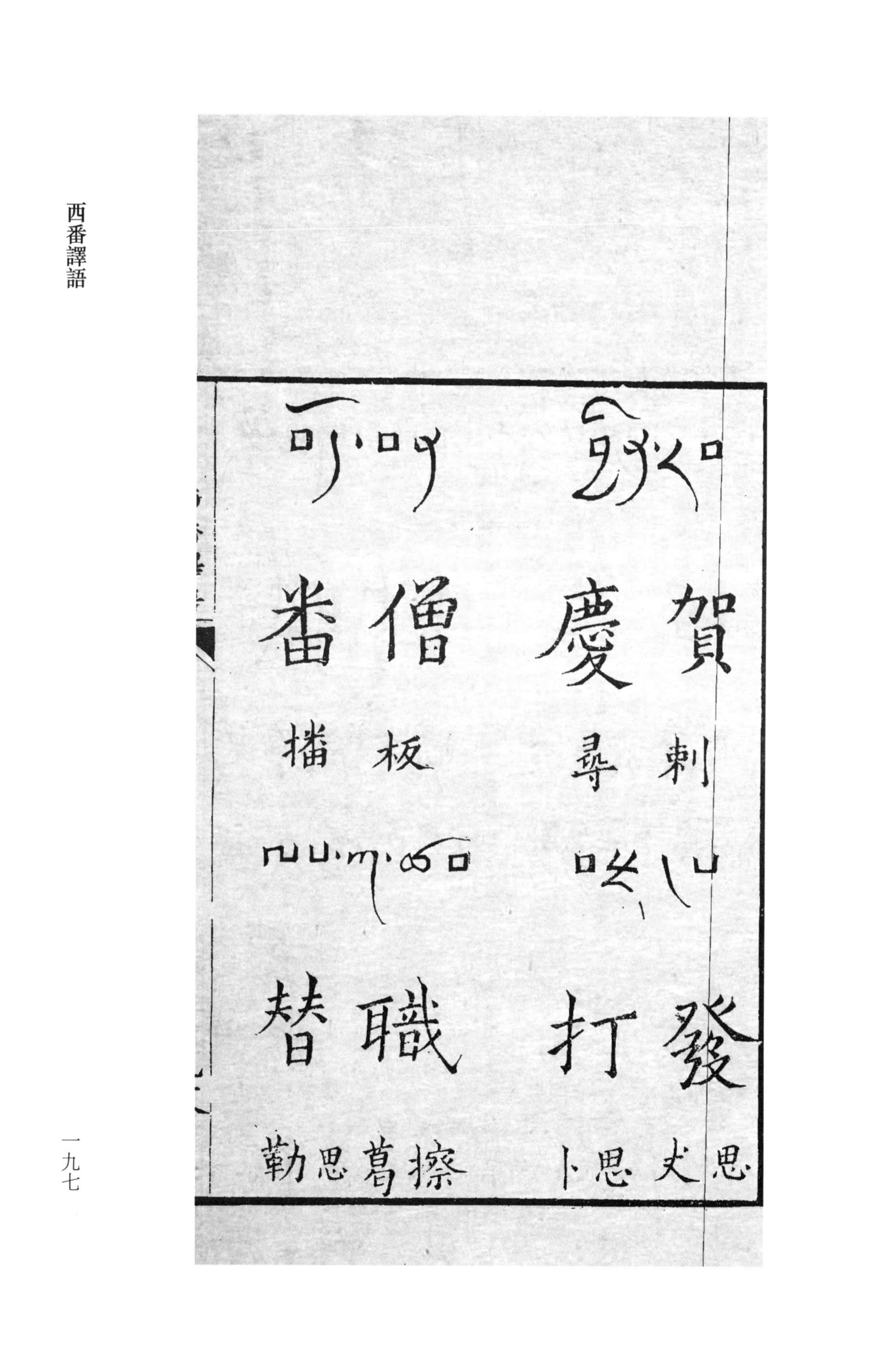

番僧

播板

慶賀

尋剌

替職

勒思葛擦

打發

卜思犬思

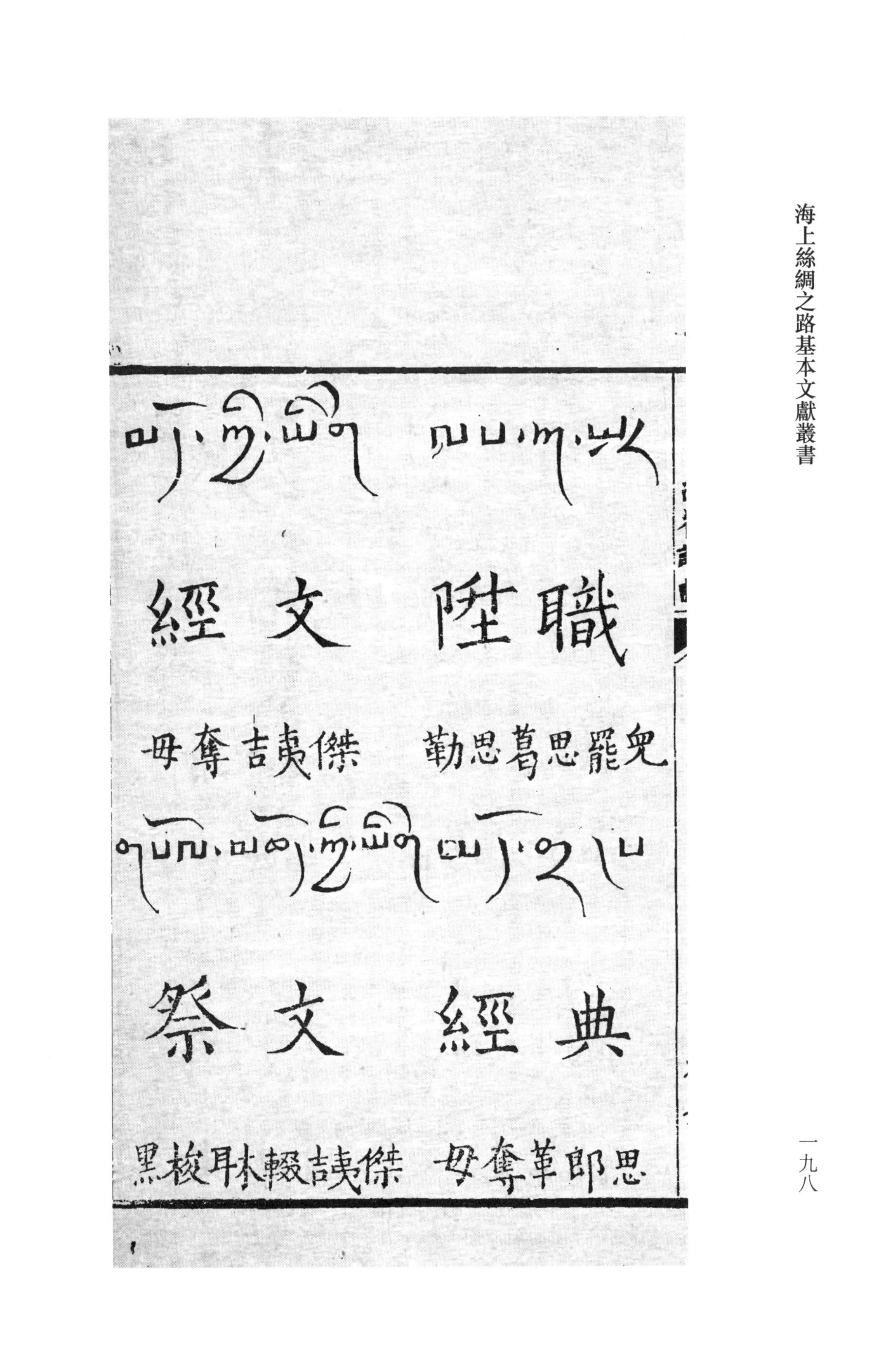

職陞文經

兜羅思葛思勤　傑夷吉奪母

典經文祭

思郎華奪母　傑夷吉輟耳木校黑

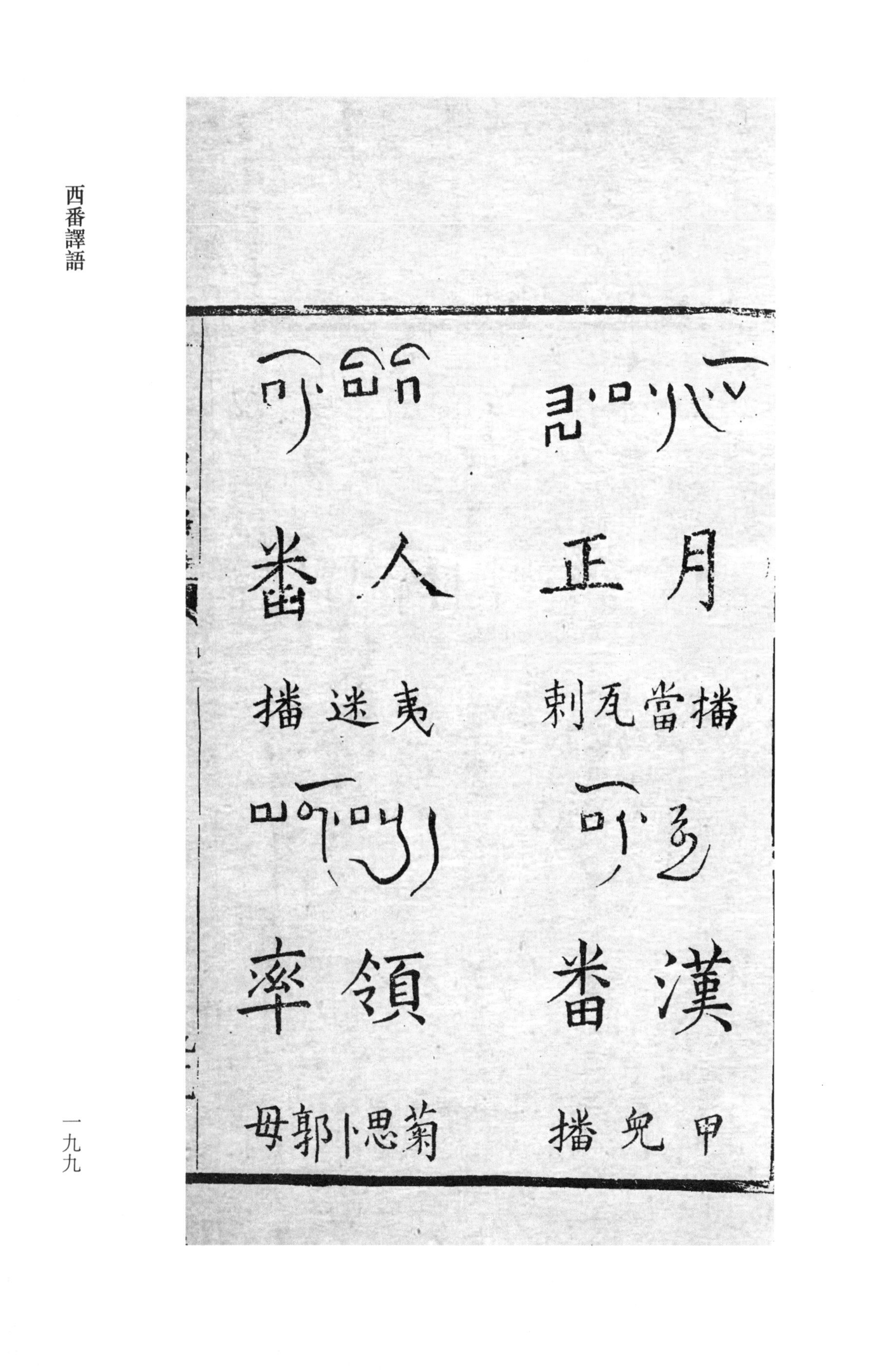

番人　　月正

播迷夷　　刺瓦當播

率領　　番漢

母郭卜思菊　　播兒甲

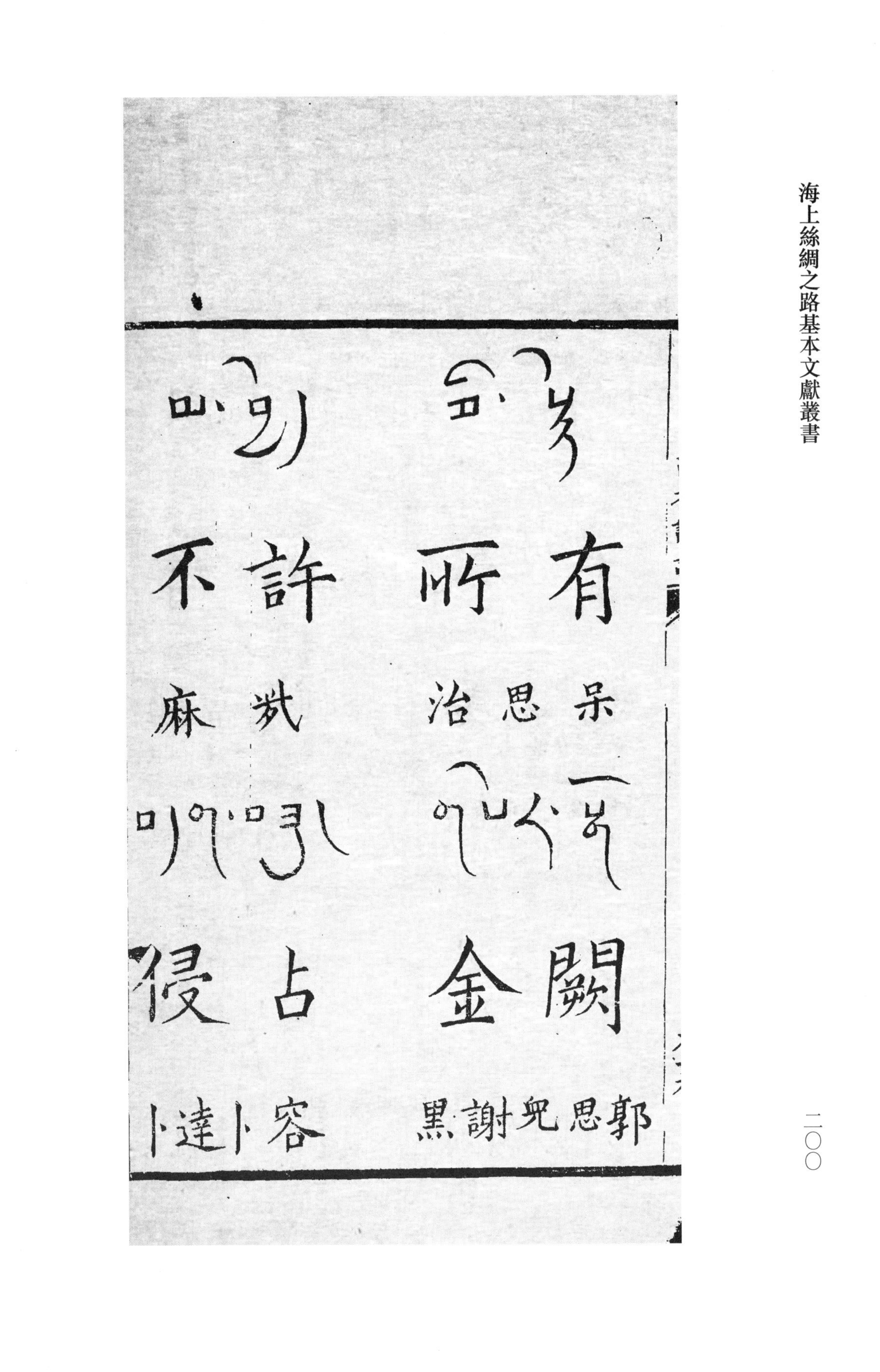

所有
治思呆

不許
麻癹

金闕
黑謝兒思郭

侵占
卜達卜容

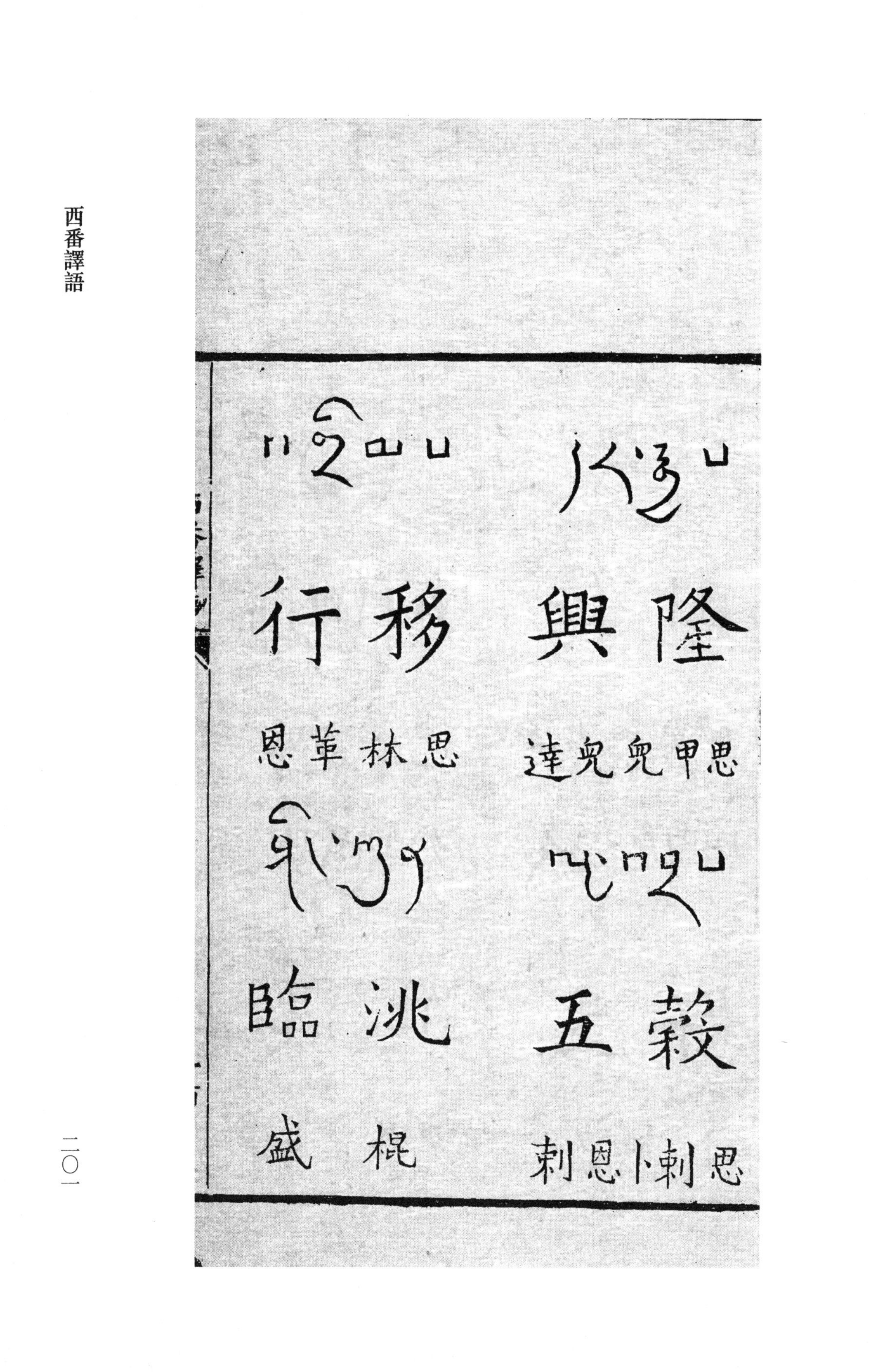

興隆

達兜兜甲思

五穀

剌恩卜剌思

行移

恩革林思

臨洮

盛棍

ནོར་རྫས　　ཀ་ཅུ

財物　　河州

那兒思扎思　　葛初

ལེགས་པར　　རྟ་འབུལ

好生　　進馬

列克思罷兒　　兒答恩卜耳

ང་རྣམས།
每我
額兒難思

དཀའ་ལས་ཆེ།
艱難
黑葛勒思轍

ཕྱི་ཡུལ།
外國
細哀欲耳

སོག་པོ།
回回
梭播

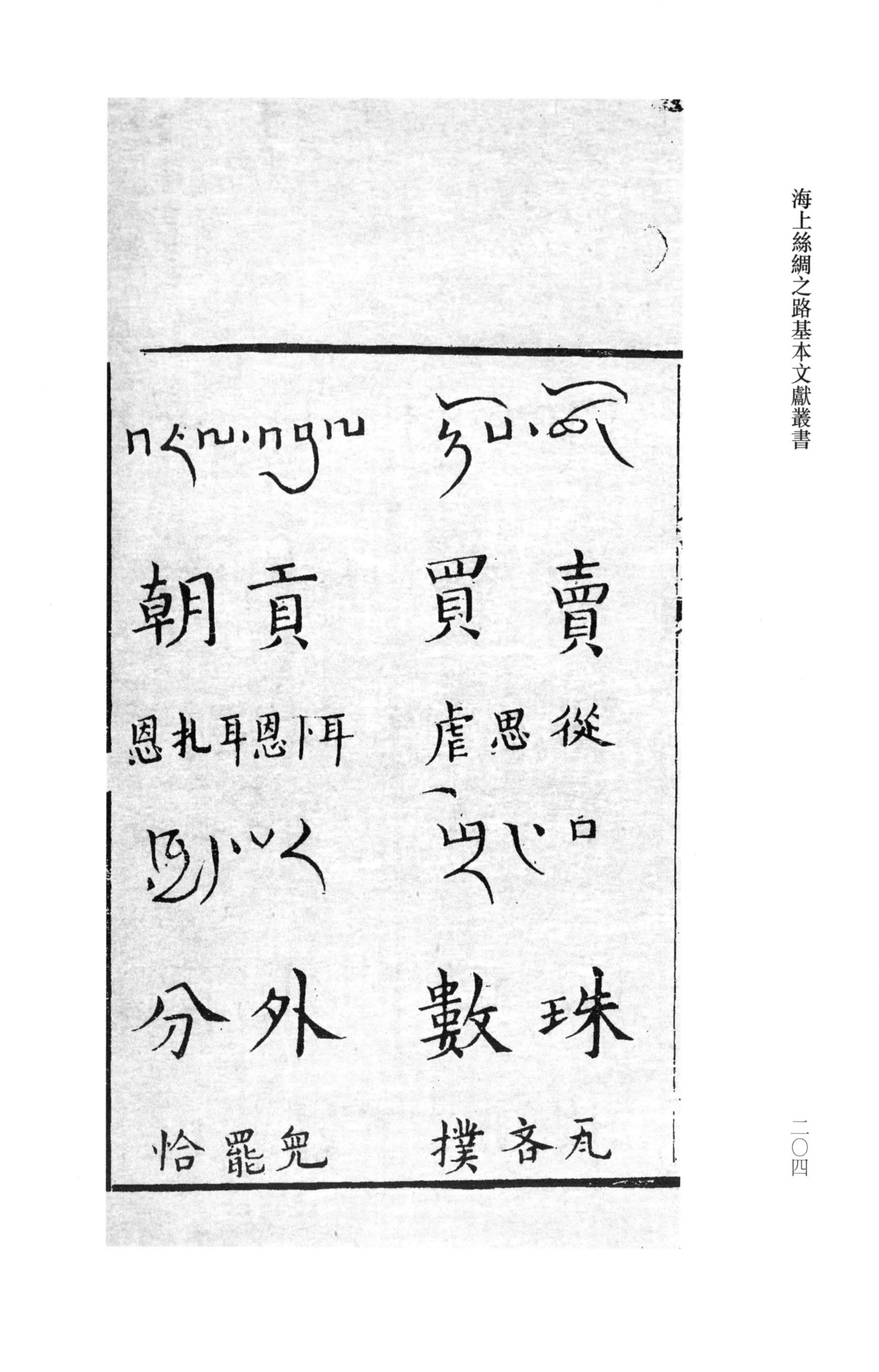

買賣

虐思從

朝貢

恩扎耳恩阡

數珠

撲吝瓦

分外

恰罷兜

ཐུ་མ

利害

兎磨

ཤོར་པ

連累

朔兒破

ས་མཚམས

地界

薩恩絫思

ཁྲུ

鈔貫

克剌吾

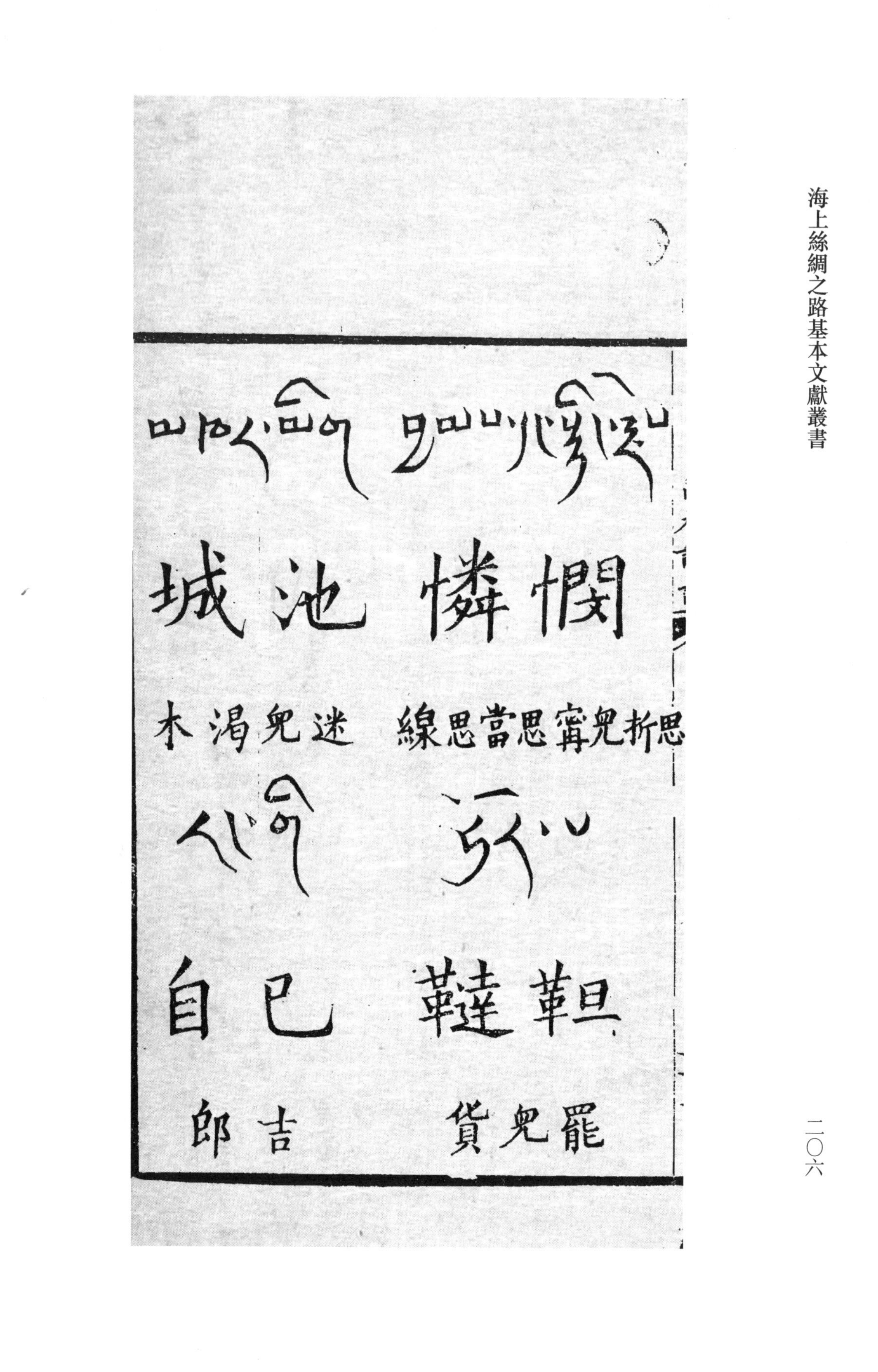

城池　憐憫

本渴兒迷　線思當思寧兒折思

自己　韃靼

郎吉　貨兒罷

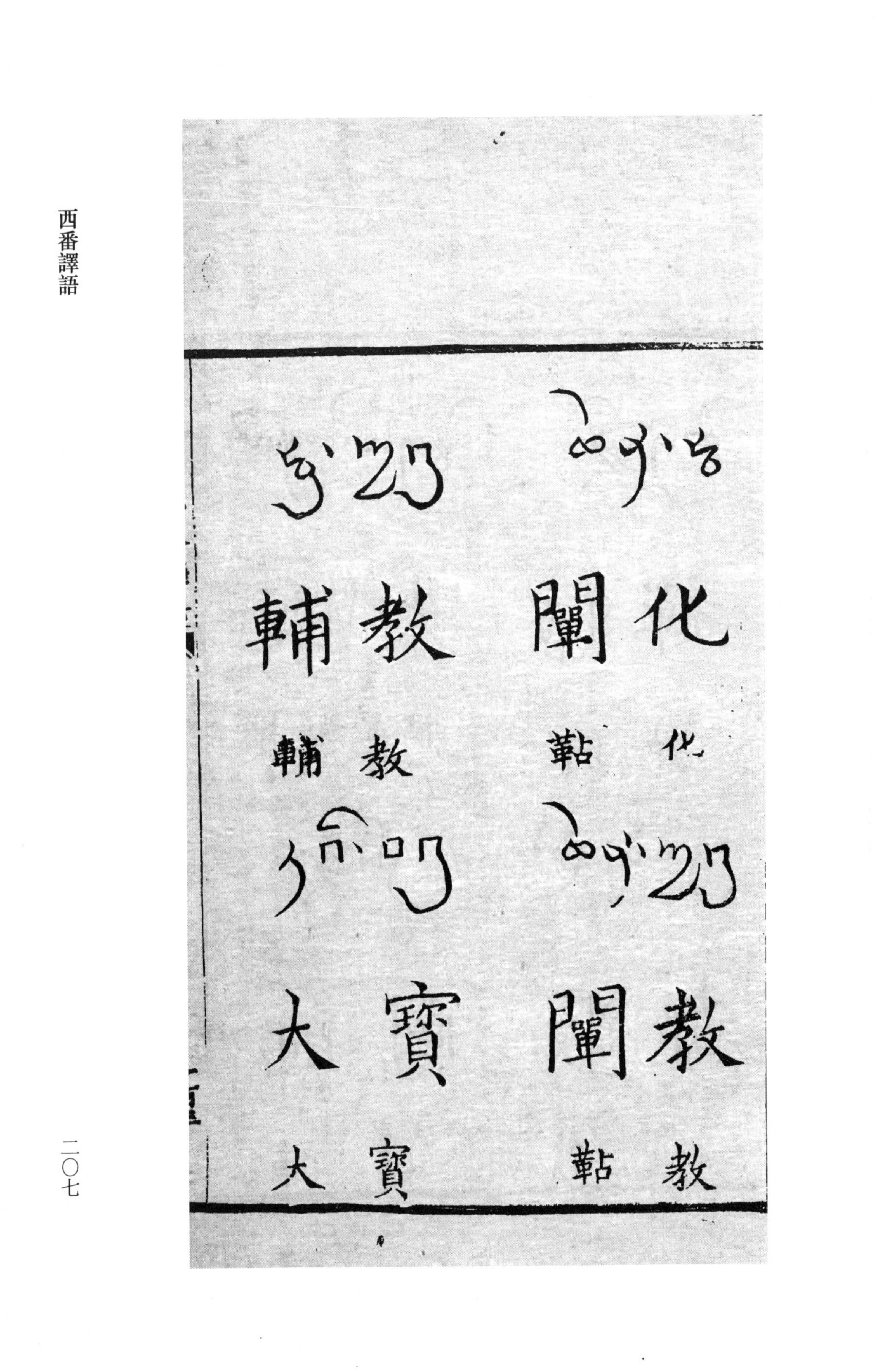

輔教　闡化

輔教　鞊化

大寶　闡教

大寶　鞊教

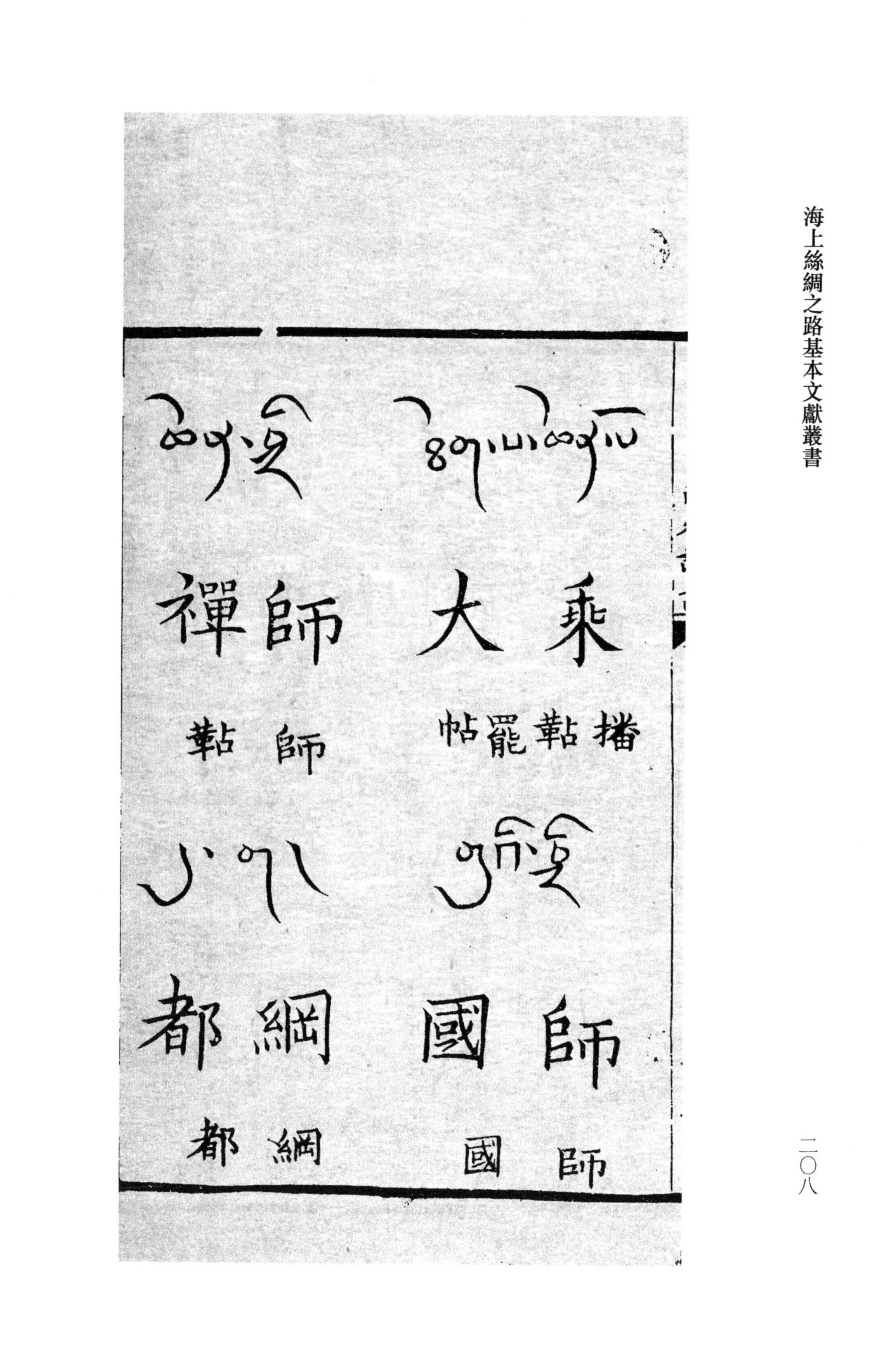

大乘

帖羅韜播

禪師

韜師

國師

國師

都綱

都綱